El elefante en la oscuridad

Libros de Idries Shah

Estudios Sufis y literatura de Medio Oriente
Los Sufis
Caravana de sueños
El camino del Sufi
Cuentos de los derviches: *Cuentos-enseñantes milenarios*
Pensamiento y acción Sufi

**Psicología tradicional,
encuentros enseñantes y narrativas**
Pensadores de Oriente: *Estudios sobre empirismo*
La sabiduría de los idiotas
La exploración dérmica
Aprender cómo aprender: *Psicología y
espiritualidad en la vía Sufi*
Saber cómo saber
El monasterio mágico: *Filosofía analógica y práctica*
El buscador de la verdad
Observaciones
Noches con Idries Shah
El yo dominante

Disertaciones universitarias
Un escorpión perfumado (Instituto para el estudio
del conocimiento humano – ISHK – y la Universidad
de California)
Problemas especiales en el estudio
de ideas Sufis (Universidad de Sussex)
El elefante en la oscuridad: *Cristianismo,
Islam y los Sufis* (Universidad de Ginebra)
Aspectos negligidos del estudio Sufi: *Empezando a
empezar* (The New School for Social Research)
Cartas y disertaciones de Idries Shah

Ideas actuales y tradicionales
Reflexiones
El libro del libro
Una gacela velada: *Viendo cómo ver*
Iluminación especial: *El uso Sufi del humor*

Corpus del Mulá Nasrudín
Las ocurrencias del increíble Mulá Nasrudín
Las sutilezas del inimitable Mulá Nasrudín
Las hazañas del incomparable Mulá Nasrudín
El mundo de Nasrudín

Viajes y exploraciones
Destino: La Meca

Estudios sobre creencias minoritarias
El conocimiento secreto de la magia
Magia oriental

Cuentos selectos y sus trasfondos
Cuentos del mundo

Una novela
Kara Kush

Trabajos sociológicos
La Inglaterra tenebrosa
Los nativos están inquietos
El manual de los ingleses

Traducidos por Idries Shah
Los cien cuentos de la sabiduría (El *Munaqib* de Aflaki)

EL ELEFANTE EN LA OSCURIDAD

Idries Shah

ISF PUBLISHING

EL ELEFANTE EN LA OSCURIDAD

El cristianismo, el islam y los Sufis

UNIVERSIDAD DE GINEBRA
CONFERENCIAS

1972/3

Los ERUDITOS CRISTIANOS a menudo dicen que las teorías Sufis son cercanas a las del cristianismo. Muchos musulmanes sostienen que se derivan esencialmente del islam. A veces la semejanza de muchas ideas Sufis con las de varios sistemas religiosos y esotéricos se toma como evidencia de derivación. La interpretación islámica es que la religión tiene un origen único: las diferencias se deben a causas locales o históricas.

Rumi, el maestro Sufi del siglo XIII, ha destacado e ilustrado notablemente la última afirmación en su relato sobre los hombres que intentaban examinar a un elefante solo mediante el sentido del tacto. Cada uno pensaba que una parte era la totalidad y además la experimentaba de una manera ligeramente diferente de la realidad. El elefante era apenas un abanico (una oreja) para uno, para otro una cuerda (la cola), para un tercero un pilar (una pata) y así sucesivamente.

Estas conferencias proporcionan material para la consideración de factores comunes, en teoría y en hechos, desde el punto de vista de la idea de entregarse a la voluntad divina, revisando algunos aspectos de la interacción entre cristianos y musulmanes, e introduciendo material de y sobre los Sufis.

Ofrecemos nuestro sentido agradecimiento a la Universidad de Ginebra, al Decano Gabriel Widmer, al Profesor N. Nissiotis y al Dr. SJ Samartha (Ginebra), al Profesor Peter Antes (Universidad de Friburgo), al Dr. B. Mukerji (Universidad de Benares) y a todos los demás participantes en el trabajo del Instituto Ecuménico en Bossey durante mi estadía allí, por su generoso espíritu de servicio a la erudición y la ayuda que me ofrecieron.

Idries Shah

Contenido

La salvación como una entrega total a Dios

I

1

EL PROPÓSITO DE los estudios ecuménicos, tal como se los emplea actualmente, es examinar y alentar las bases de la religión y la cooperación entre personas de diversas religiones. Noto que algunos diccionarios occidentales definen esta actividad como algo que solo le concierne a la iglesia cristiana; y el restringido uso de la palabra aplicada únicamente a la Iglesia Católica Romana se observa en autoridades tales como el *Oxford English Dictionary*. "Ecuménico", por supuesto, deriva del griego y significa *que pertenece a todo el mundo*. Asumiré, de acuerdo con mi presencia aquí, que las definiciones más limitadas a las que recién nos hemos referido no son compartidas por mi auditorio. Sin embargo, para mí es interesante mencionarlas: ya que ambas indican la suposición, al menos en algunas mentes, de que una determinada forma de pensar expresada en ciertas instituciones es universal (en el lado negativo); y que mi auditorio es al menos lo suficientemente contemporáneo en su objetividad para escuchar – como mínimo – las ideas de aquellos que no pertenecen a las formulaciones teológicas que constituyen el trasfondo de sus propias actitudes (en el lado positivo). No necesito decir cuál prefiero. Dado que se me ha pedido que contribuya en "La salvación como entrega total a Dios: un intento de diálogo entre cristianos y musulmanes", y que la Universidad de Ginebra me ha honrado al nombrarme profesor invitado y sugerir este tema, me gustaría, después de expresar mi gratitud por la oportunidad de enseñar en esta antigua e ilustre institución, señalar que mi intención es presentar el tema

(1) Desde un punto de vista islámico;
(2) En su contexto histórico, mediante una breve exposición;
(3) Como algo que ha existido desde los comienzos del islam, hace casi quince siglos, nuevamente con ejemplos;
(4) Como una oportunidad de "construir puentes" para el presente y el futuro, como

también la utilización de los "puentes" que son de una antigüedad considerable y probada resistencia.

Los escritores y académicos cristianos frecuentemente se quejan de que los musulmanes tienen ideas distorsionadas acerca de las creencias de los cristianos y lo que practican. Esto bien puede ser así, aunque como alguien que fue criado en una familia musulmana antigua y formal con amplia experiencia en el diálogo con musulmanes de muchos países y de todas las clases sociales, no puedo recordar nada análogo al informe publicado no hace tanto tiempo por un estadounidense que asistía a una escuela dirigida por la *Arabian-American Oil Company* en Nueva York.[*]

Nos dice:

> Las preguntas "¿Qué es el islam?" y «¿Quién fue el profeta Muhammad?» arrojaron algunas respuestas interesantes. Uno de nuestros miembros pensó que el islam era "un juego de azar, similar al bridge". Otro dijo que era "una secta misteriosa fundada en el sur por el Ku Klux Klan". Un caballero creía que

---

[*]   Butler, G. C., *Kings and Camels*, New York, 1960 pp. 16f.

era "una organización de masones estadounidenses que se visten con disfraces extraños". Pensaban que el profeta Muhammad era el hombre que "escribió *Las mil y una noches*". Otro dijo que era "un ministro negro estadounidense que competía con el Padre Divine en la ciudad de Nueva York". Una de las respuestas más razonables provino de uno de nuestros hombres, quien dijo: "Muhammad tuvo algo que ver con una montaña. O bien fue a la montaña, o ella vino a él."

Al citar este extracto el profesor James Kritzeck, el ilustre orientalista (que es director del Instituto de Estudios Religiosos Avanzados y profesor de Lenguas Orientales e Historia en la Universidad de Notre Dame) comenta: "Incluso suponiendo que estas respuestas no son más que jocosas conjeturas, aun así revelan una espantosa ignorancia por parte de los adultos estadounidenses con antecedentes educativos superiores a la media; quienes, además, estaban yendo rumbo a Arabia Saudita para trabajar allí."[*]

[*] Anthology of Islamic Literature, Londres, 1964 (introducción) págs. 17 y ss.

Durante los meses en los que he estado trabajando activamente en, y pensando en la preparación de, este material, mencioné a cierto obispo mi tarea y el placer que sentía ante la posibilidad de contribuir a este tema. Sus palabras fueron: "¿El islam? ¿Ese montón de basura vieja? ¿Me estás queriendo decir que alguien en su sano juicio está interesado en él? Bueno, supongo que debemos tomarlo como parte integral de la decadencia actual de los estándares, como esos jóvenes necios que recurren a las religiones orientales y esas tonterías como la astrología y la brujería. Sería mejor aconsejarles a tus amigos que buscaran una orientación cristiana sólida sobre la verdad del cristianismo, lo que pronto pondría fin a esos disparates."*

Otro clérigo principal, de otra persuasión cristiana, me condujo a su biblioteca donde "comprobó" en sus libros que los musulmanes

---

* Cada contra, por supuesto, tiene su pro. No existe ninguna posibilidad de que el venerable obispo que figurará en esta exposición sea capaz de adoptar una actitud como la de quien cito. Y muy oportunamente, mientras escribo estas palabras para subsanar el equilibrio, abro un sobre de mi Vicario Protestante local, el erudito y respetadísimo reverendo Johnson. Contiene una tarjeta de felicitación por el festival de Idd al-Fitr, que marca el final del mes sagrado del Ramadán, que se celebra hoy.

adoraban ídolos llamados *Termagantes**. También dijo que había leído que los musulmanes creían que el ataúd de Muhammad estaba milagrosamente suspendido en el aire pero no se les permitía verlo** y que su primera necesidad, ya que para tales personas la capacidad de entregarse a Dios estaba lejísimos, era rendirse ante la verdad y salvar sus almas mediante la conversión al cristianismo. No creo que estuviera muy contento cuando decidí responderle a su propio nivel y dije: "Parece una religión muy atractiva, pero me temo que apenas tendré que intentar entregarme a Dios, ya que no creo que los *termagantes* me dejen aceptar tu profunda erudición."

---

* Esta palabra en inglés medio aparece en los antiguos romances y es sinónimo de pendenciero bullicioso. *Tergavants*, del latín *versari*, "girar", significa, entre otras cosas, "apostatar". Quizás en alguna época esto se aplicaba a los cristianos que se convertían en musulmanes. También se observa en las *Invasiones* de Reinaud, citadas a continuación.

** El rumor en Europa de que el ataúd de Muhammad flotaba debido al magnetismo en el aire "entre montañas" fue desmentido hace más de 450 años: "Y debes saber (te digo una verdad) que no hay un ataúd de hierro o acero, ni magnetita o ninguna montaña a menos de 6 kilómetros." (*The Travels of Ludovico di Varthema*, 1503–1508, Londres (The Hakluyt Society) 1863, citado por Saunders, John L., en *The Muslim World on the Eve of Europe's Expansion*, Nueva Jersey (Prentice-Hall) 1966, p. 116.)

El propósito de narrarles estos casos es subrayar el hecho de que cuando hablamos de "cristianos" y "musulmanes", primero debemos asegurarnos de que estamos hablando de personas que tienen una idea, que debería ser más o menos correcta, acerca de lo que supuestamente el otro cree y lo que se espera que haga como consecuencia de esa creencia. A partir de mi experiencia personal y la examinación de la literatura, siento que no podemos dar por sentado que un diálogo es posible, sin información y quizás sin comprensión, entre individuos o grupos en todos los niveles. Así que el prerrequisito es la información.

Hay, de hecho, elementos para la educación de los miembros de diversas confesiones en las creencias y prácticas de otros, y los libros son una fuente obvia. Y hay muchas personas, tanto musulmanas como cristianas, que tienen una buena comprensión de las concepciones mutuas del entregarse a Dios y de otros principios. Pero la existencia generalizada de prejuicio, desinformación y falta de conocimiento, así como la consagración en los mismos idiomas que hablamos de frases y fórmulas que mantienen y refuerzan los prejuicios ancestrales implantados por ideólogos ignorantes o fanáticos, militan en contra de la eficacia del diálogo, incluso si no lo excluyen, mediante el más sutil – y uno de los más efectivos – de los instrumentos: la subconsciente, casi subliminal, introducción de la hostilidad.

A partir de razones imperiales, económicas e ideológicas, muchas culturas son las herederas, y por lo tanto prisioneras, de actitudes de menosprecio y desdén para con otras confesiones: posturas que no son ennoblecedoras para nadie; y las cuales, según propongo, son barreras efectivas para el cumplimiento de mandatos básicos, ya sea amar al prójimo como a ti mismo o respetar las creencias de los demás... y ni que hablar de buscar conocimiento sobre ellos.

Y entonces una gran preocupación se puede representar de este modo:

El ideal ecuménico no puede ser abordado sin conocimiento, tanto de las creencias propias como de las ajenas; la entrega a Dios no puede ser entendida ante, o coexistir con, el rechazo a rendirse a los hechos. Acaso Dios esté más allá de los hechos: pero no los disputa. Entonces, ¿cómo puede el hombre atreverse a hacerlo?

2

¿QUÉ PIENSAN LOS musulmanes de Jesús y por qué piensan de cierta manera acerca de su misión, su entrega y su gente? Un distinguido clérigo y trabajador cristiano en el campo de la religión comparada ha recordado recientemente a sus lectores ingleses* que Jesús es conocido como al-Sayyed, el Príncipe o "el Señor", lo cual es una señal de honor. "El título al-Sayyid", continúa, "se usa particularmente para Muhammad y sus descendientes, pero también para otras grandes personas. En *City of Wrong*, un estudio de Jerusalén durante un Viernes Santo desde el punto de vista de la ortodoxia musulmana, el título 'el Señor Cristo' se usa asiduamente."

El importante lugar que ocupó Jesús entre los seiscientos millones de musulmanes del mundo**,

---

* Parrinder, Dr G.: *Jesus in the Qur'an*, Londres (Faber and Faber) 1965, págs. 33 y ss.
** Según algunas fuentes cristianas, hay 400 millones de musulmanes; cifras pakistaníes dicen que son 650 millones; las egipcias, 750 millones. Según las últimas estimaciones, hay 1.8 billones de musulmanes en el mundo actual. (N. del Ed.)

diseminados desde las costas atlánticas de Marruecos en el oeste hasta la China, Filipinas e Indonesia en Oriente, y el consenso de ambas religiones sobre la necesidad de entregarse a Dios como medio de salvación, hacen que sea relativamente fácil para un musulmán dirigirse a los cristianos: la simpatía y la historia ya están allí.

Tengo la clara impresión, basada en el contacto que durante cuarenta años tuve con personas de comunidades cristianas de todo el mundo, de que el proceso inverso no es en absoluto tan fácil. El cristiano, por razones que son bastante claras pero que se mencionan con poca frecuencia, descubre que tenderá a acercarse al musulmán como si este fuese un ignorante que está perdido y necesitado de salvación. Ahora bien, esta actitud no es de ninguna manera universal, sino que se basa en causas históricas y creo que es solo recientemente que muchos han podido dejar de lado estos hechos, subsanarlos, de manera tal que ello conlleve una actitud de comprensión potencial.

El musulmán tiene la ventaja de que en su libro sagrado, el Corán, donde cada palabra posee la fuerza de la ley divina para él, se establece claramente que los cristianos son los amigos de los musulmanes y que ellos, junto con otros creyentes que hacen lo correcto, tienen la aceptación de Dios.

Como ejemplos de estas declaraciones, permítanme citar brevemente del Corán donde se dice:

> Los creyentes, los judíos, los sabeos o cristianos, quienes crean en Dios y en el último día y hacen lo que es correcto: no han de tener nada que temer o lamentar. (Capítulo 2, 62)

Y:

> ... los más cercanos afectivamente a los creyentes son aquellos que dicen "Somos cristianos". Eso es porque hay sacerdotes y monjes entre ellos, y porque no son arrogantes. (Capítulo 5, 82)

La ausencia de arrogancia, bien sea derivada de o directamente causada por el deseo de entregarse a Dios, que se encuentra entre los cristianos y la cual es una parte de su religión tal como la entendemos, además de ser algo que puede apuntalar un diálogo entre nosotros, a menudo ha sido atenuada y ocultada hasta tiempos bastante recientes por la lucha política y militar entre las dos comunidades, basada en la geopolítica y la ambición humana de naturaleza expansionista durante un período que duró casi mil años.

3

Durante todo este tiempo ha habido muchos casos de cooperación y entendimiento entre musulmanes y cristianos, y el mismo Jesús nunca ha dejado de ocupar el lugar más alto posible en la mente del islam; pero el trasfondo de pensamiento en la cristiandad acerca del islam, con la posible excepción de las comunidades cristianas en tierras musulmanas, casi nunca – hasta hace muy poco – había considerado la posibilidad de que los musulmanes pudieran tomar parte en el replanteamiento de los asuntos religiosos en cualquier sentido que pudiese ser de interés, o ni siquiera de valor, para los cristianos.

El cambio dramático de esta actitud en los últimos años se refleja en el número creciente de escritos producidos por hombres de importancia en Occidente que han comenzado a considerar esta posibilidad; y también, igualmente importante, la mayor circulación de estas ideas. Escribir no es suficiente: las palabras deben ser leídas. Leer no es suficiente: debe entenderse.

El Dr. Geoffrey Parrinder, un importante académico contemporáneo en el estudio de religiones comparadas*, dice:

> ... en tiempos modernos, se está haciendo un gran replanteamiento de las doctrinas tradicionales y su expresión, de modo que el diálogo entre las religiones sea mucho más fácil que durante los siglos pasados. Algunas doctrinas, por lo menos, han sido formuladas en un lenguaje que es anticuado y a menudo incomprensible... Acaso las ideas de que Cristo vino de "allá arriba", "intervino" en el mundo y desempeñó un papel sobrehumano, necesiten cambios para adaptarse a las concepciones de Dios como omnipresente en el mundo y de Jesús como totalmente humano e histórico. El islam puede compartir con el cristianismo este proceso de replanteamiento.**

---

*   Profesor de religiones comparadas del King's College de Londres, pastor metodista y secretario de la *British Branch of the International Association for the History of Religions*.

** Parrinder, Dr. Geoffrey: *Jesus in the Qur'an*, Londres (Faber and Faber) 1965, pág. 170.

Las amistades individuales entre cristianos y musulmanes han sido parte de nuestra historia común y de nuestra vida cultural durante casi catorce siglos. Los efectos de estas, la mayoría de ellas probablemente indocumentadas, continúan y deben tener el papel más importante en el diálogo y la comprensión mutua. Cito el siguiente ejemplo, que se encuentra en un libro de reminiscencias de amplia circulación y grandes ventas en todo el mundo, porque es típico y no simplemente como una ocasión para un comentario especial:

El duque italiano Alberto Denti di Pirajno, quien vivió durante muchos años como médico en países islámicos de los árabes y África, escribe sobre el profundo afecto entre el Vicario apostólico en Libia y el Alcalde de Trípoli.

El obispo "conocía cada detalle de la vida de Mohy ed-Din ben Arabi, un famoso místico árabe de alrededor del año 1200, de quien yo nunca había oído hablar".

Él continúa:

> La amistad entre el Obispo y el Pasha fue una de las más extraordinarias que jamás he visto. Nunca he conocido a dos hombres que, en la superficie, tuviesen temperamentos tan disímiles y rara vez me he encontrado con una

amistad más profunda y cercana. El italiano era de origen modesto, el árabe era el jefe de una familia principesca que una vez había gobernado el país; el Obispo sostenía la fe simple y pura de San Francisco de Asís; el príncipe era un mahometano ferviente y practicante; el humilde cristiano tenía una erudición enciclopédica, el noble musulmán era analfabeto. ... Muchas veces le pregunté al obispo sobre su amistad con el Pasha, procurando descubrir mediante mi curiosidad en qué se basaba ella. Siempre fue evasivo en su respuesta; a veces ni siquiera respondía, y se limitaba a encogerse de hombros y soplar sobre su barba.

Sin embargo, cuanto más lograba conocer al noble árabe más descubría lo que tenían en común: por ejemplo, su despreocupación ante la enfermedad, su total indiferencia hacia las cuestiones materiales, su profunda comprensión del sufrimiento y la miseria humana, y su caridad, que era impoluta frente al egoísmo y no conocía límites. Ambos se sometieron a una voluntad superior con la fe ciega de los niños.

En cierto momento me di cuenta de que, al igual que los diversos elementos de un mosaico forman un diseño único cuando se colocan juntos, las actitudes mentales de los dos amigos formaban parte de una única concepción espiritual que finalmente pude reconocer.

El duque continúa diciendo que finalmente le comentó al obispo que había decidido que su amistad era una amistad entre franciscanos ... y el franciscano respondió: "He aprendido mucho de este hombre". Pirajno continúa:

El más joven de los dos amigos murió primero.

De repente, el equilibrio incierto de su metabolismo fue sacudido y el obispo que había permanecido como un simple fraile se derrumbó.

Estaba lejos de Trípoli cuando sucedió, y fue solamente más tarde que supe que el Vicario apostólico había muerto serenamente, rodeado de cofrades y monjas, aferrándose a la mano de su viejo amigo el Pasha, quien en su pena pareció petrificarse; mientras en la catedral, en la mezquita y en la sinagoga, hombres de diferentes credos oraban para que Dios pospusiese la hora señalada.*

Ahora bien, este relato describe la relación de dos hombres de Dios, encontrándose, viviendo y trabajando en lo que podríamos llamar el período intermedio; la era posterior a las Cruzadas, pero también la época de un poder colonialista gobernando un país musulmán: circunstancias bajo las cuales, uno podría ser disculpado por pensarlo, el entendimiento mutuo entre los gobernados y los aliados del Poder gobernante sería extremadamente difícil. Un observador externo bien podría concluir que después del período colonialista las creencias de la potencia ocupante serían, cuando menos, desacreditadas. Y sin embargo hoy, en la Libia independiente como en cualquier otro lugar del mundo del islam, correrías serios riesgos si dijeses alguna palabra en contra de Jesús. Las enseñanzas del islam, que Jesús vino de Dios e invitó a la gente a entregarse a Dios, son parte del conocimiento de cada

---

* Alberto Denti di Pirajno, *A Cure for Serpents*, Londres (Consul) 1965, págs. 124, 128, 131, 132. (Originalmente publicado en el Reino Unido por André Deutsch, 1955.)

musulmán. Reparen en los siguientes pasajes del Corán:

> Dios te anuncia la buena noticia de una Palabra que procede de Él, cuyo nombre es el Mesías, Jesús, hijo de María. (3, 40-45)

Y en el capítulo 2, verso 136:

> Di: "Creemos en Dios, y en lo que ha sido enviado a Abraham e Ismael e Isaac y Jacob y las tribus: y en lo que se les ha dado a Moisés y a Jesús, y en lo que se les dio a los profetas de su Señor. No hacemos ninguna diferencia entre ellos: y ante Dios estamos resignados."

La influencia mutua de la práctica de la sumisión a Dios, la influencia de la práctica misma, tiene sobre el humano manifestaciones tan considerables y ha dejado su huella tan profundamente marcada, que los ejemplos están muy extendidos.

Incluso podemos encontrar un ejemplo típico, y acaso haya más de uno, en la documentación extremadamente escasa acerca de la historia del gobierno musulmán en Suiza, casi seiscientos años antes de la fundación de esta venerable universidad.

Se refiere al devoto San Mayeul, el abad del monasterio de Cluny en Borgoña, y su encuentro con los musulmanes aquí: "Era tal el respeto que las personas le tenían, que su nombre fue una vez mencionado seriamente para ocupar el alto y exaltado puesto de Papa."*

El santo había estado en peregrinaje a Roma y en su regreso fue capturado por los musulmanes, quienes dominaban la campiña. Lo aprisionaron en una cueva y los musulmanes, "tocados por la calma inalterable del prisionero ... trataron de mejorar un poco sus condiciones. Así, cuando necesitó algo de comida, uno de ellos, después de lavarse las manos, preparó un poco de masa en su escudo, lo cocinó y se lo entregó con gran respeto y consideración." Uno de sus captores le recordó a otro que debía respetar la Biblia que el abad llevaba consigo, pues era el libro de Jesús.**

El abad fue rescatado por los monjes de Cluny y liberado por sus captores sarracenos, y esta anécdota aún es recordada aunque haya sucedido en el año 972 de los cálculos cristianos. Es

---

* Traducción de Sherwani de las *Invasiones* de Reinaud (1836), Ashraf (Lahore, Pakistán), 2ª edición, 1964, págs. 161-4.
** Ibíd.

recontada en un libro reeditado por una editorial musulmana y leído en países islámicos, cuya última edición está fechada en 1964. Así, la base de la dedicación resuena a lo largo de los siglos, sin disminución… por miles de años.

La sumisión a la voluntad de Dios, o la entrega a Dios, tiene para los musulmanes una equivalencia social y administrativa. Dado que el Corán impone ciertas formas de comportamiento, de conducta del estado y el cultivo de las virtudes morales, estos son requisitos (para el musulmán) de Dios; y por ende su cumplimiento constituye la entrega a Dios en el sentido más completo. Las virtudes cristianas también han sido expresadas de la misma manera y por razones similares. A menudo se nos recuerda que gran parte de la ley occidental se basa en este concepto.

El trabajo francés de Reinaud sobre las comunidades islámicas en Europa (incluyendo a Suiza, donde el protectorado musulmán desde su centro en Fraxinet en Provenza perduró durante muchas décadas) señala el respeto que se sentía por los logros y el carácter de los sarracenos que gobernaron gran parte de Europa. Si bien muchos clérigos consideraban a estos musulmanes como paganos e idólatras, los trovadores y los poetas hablan de ellos con asombroso respeto y aprobación.

Reinaud dice que si los gobernantes musulmanes (algunos de los cuales estaban ciertamente ocupados en Ginebra) volvieran a la vida,

> [ellos] estarían completamente sorprendidos de encontrar los grandes cambios que se han producido en las respectivas posiciones de los musulmanes y cristianos en Europa; pero cuando se hayan eliminado las primeras impresiones, se sorprenderían gratamente ante el importante lugar que los antiguos escritores románticos de Francia les han dado a sus hazañas; y como su mundo espiritual estaría acostumbrado a grandes y audaces gestas, seguramente rendiría homenaje al sentimiento de cortesía que ennobleció los modales bárbaros de los antiguos europeos y que ahora parecen, por desgracia, desaparecer día tras día.*

Los sentimientos de respeto e interés en un sistema aliado no han sido unilaterales. En las

---

* *Invasions des Sarrazins en France, et de France en Savoie, en Piemont et en Suisse*, traducido por Haroon Khan Sherwani, Lahore (Ashraf) edición de 1964, pág. 239.

áreas populares, narrativas y más ligeras de la amonestación oral, ha sido costumbre que los musulmanes y los cristianos tomaran las virtudes de los demás como textos de enseñanza. Hay un cuento semigracioso que los musulmanes se comparten entre sí, acerca de un musulmán que le preguntó a un cristiano por qué no adoptaba el islam. El cristiano dijo: "Hay dos islam: el que tú practicas y el islam del Corán. Si intentara estar a la altura del Corán, sería demasiado difícil para mí, ya que requiere que el hombre haga enormes esfuerzos para mejorarse a sí mismo, y como musulmán no podría recibir ninguna absolución de ningún hombre."

"Pero", dijo el musulmán, "¿qué pasa con el islam que llamas el otro tipo de islam... el que yo practico?"

"Si tuviera que comportarme como tú", dijo el cristiano, "con tus bajos estándares de honestidad, mi mérito no mejoraría... sino que se vería *reducido*."

La misma labor de compararse con otro hombre es de uso frecuente entre los cristianos. Por lo tanto, desde los primeros días de la confrontación entre las dos religiones, está frecuentemente registrado que los cristianos comparaban, al abordar a sus rebaños, los logros, la laboriosidad, la piedad y demás de los musulmanes con su propia conducta. En general, incluso atribuyen el éxito mundano de los musulmanes de su época a la práctica y al cumplimento de las ordenanzas de Dios – tanto directas como derivadas – vinculadas con la veracidad, la honestidad y la dedicación a los ideales.

4

UNA DE LAS partes más tempranas de la historia islámica – la emigración a Abisinia de los perseguidos – contiene en su totalidad indicaciones claras de una fuerte apreciación y gratitud por la entrega a Dios como algo esencial; y, cuando las circunstancias lo exigen, la entrega es total, pase lo que pase. Noventa y cuatro familias musulmanas habían emigrado a Abisinia en el año 615 d.c, cinco años después de la primera llamada de Muhammad.

En la historia islámica temprana, una parte más dramática y ampliamente estudiada del desarrollo de la comunidad de los musulmanes se refiere al diálogo, a la cooperación y al entendimiento entre dos comunidades extraordinariamente importantes, una musulmana y la otra cristiana, lo que ilustra el aprecio que un noble y visionario rey cristiano le tenía a la gente que se rendía a la voluntad de Dios, y la consiguiente preservación de una parte significativa de la naciente comunidad del islam. Esto se refiere al refugio y aliento que el rey cristiano de Etiopía les brindó a los primeros musulmanes que se refugiaban de los idólatras.

Las historias islámicas más antiguas, encarnadas en la ejemplar Vida del Profeta, el *Sirat Rasul Allah* de Ibn Ishaq (Vida del Mensajero de Dios), ofrecen detalles considerables sobre este evento determinante, citando textualmente a los sobrevivientes.

Durante los primeros días de la predicación de Muhammad, sus seguidores fueron sometidos a una severa persecución por parte de los mecanos, en particular a manos de la tribu de los Quraish, los guardianes de la casa de ídolos. "Entonces los Quraish mostraron su enemistad para con todos los que seguían al apóstol; todo clan que albergaba musulmanes fue atacado, los encarcelaron, los golpearon, no les permitieron comer ni beber y los expusieron al calor ardiente de La Meca..." Abdullah ibn Abbas informó: "Solían golpear a uno de ellos, privándolo de comida y bebida para que apenas pudiera sentarse erguido debido a la violencia que habían usado contra él, para que al final hiciera lo que le dijeran..."

Muhammad aconsejó a sus seguidores que fueran a la tierra cristiana de Abisinia, diciendo: "El rey no tolerará la injusticia." *

---

*   Este y otros extractos de la traducción al inglés del profesor A. Guillaume, Oxford (University Press) 1955, pág. 146. Ibn Ishaq murió en el año 767 d.c.

Entonces los Quraish enviaron regalos costosos a Abisinia con dos de sus representantes para asegurar el regreso de los musulmanes, que mientras tanto habían sido recibidos amablemente por el Negus y autorizados a practicar su religión.*

Estos embajadores se dirigieron a los generales del Negus y dijeron:

> Algunos tontos, que son de los nuestros, se han refugiado en el país del Rey. Han renunciado a nuestra religión y no han aceptado la suya, pero han traído una religión inventada acerca de la cual ni ustedes ni nosotros sabemos nada. Nuestros nobles nos han enviado para que convenzamos al rey de que nos devuelvan a aquellos tontos.

Los generales aceptaron informar al rey y le llevaron los regalos, que él aceptó. Aconsejaron al Negus que entregara a los refugiados, sin ponderarlo, diciendo que los politeístas sabían más acerca del carácter de su propia gente.

> El Negus se enfureció y dijo: "No, por Dios, no los entregaré. Nadie que haya

---

* Ibíd., pág 150.

buscado mi protección, que se haya establecido en mi país y me haya elegido a mí y no a otros será traicionado, hasta que lo llame y le pregunte qué es lo que estos dos hombres alegan..." Luego convocó a los compañeros del Apóstol y cuando llegó su mensajero se reunieron, diciéndose unos a otros: "¿Qué le dirás al hombre cuando lo veas?" Ellos dijeron: "Vamos a decir lo que sabemos, y lo que nuestro Profeta ordenó, pase lo que pase." Cuando estuvieron ante la presencia real descubrieron que el rey había convocado a sus obispos con sus libros sagrados expuestos a su alrededor. Les preguntó cuál era la religión por la cual habían abandonado a su pueblo, sin adherirse a su propia religión ni a ninguna otra. Ja'far b. Abu Talib respondió: "Oh rey, éramos un pueblo incivilizado, adorábamos a los ídolos, comíamos cadáveres, cometíamos abominaciones, rompíamos los lazos naturales, tratábamos mal a los huéspedes y nuestros fuertes devoraban a nuestros débiles. Así éramos hasta que Dios nos envió un apóstol cuyo linaje, verdad, confianza y clemencia conocemos. Nos convocó para reconocer la unidad de Dios y para adorarlo y renunciar a las piedras e imágenes que antes adorábamos nosotros y nuestros padres. Nos ordenó que dijéramos la verdad, que fuéramos fieles a nuestros compromisos, conscientes de los vínculos de parentesco y hospitalidad, y que nos abstuviésemos de cometer crímenes y derramamientos de sangre. Nos prohibió cometer abominaciones y decir mentiras, y devorar la propiedad de los huérfanos, vilipendiar a las mujeres castas; Él nos ordenó adorar solo a Dios y no asociar nada a Él, y nos dio órdenes sobre la oración, la limosna y el ayuno..."

Uno de los musulmanes, a petición del rey, leyó un pasaje del capítulo diecinueve del Corán.

El Negus lloró hasta que su barba estuvo mojada y los obispos lloraron hasta que sus pergaminos estuvieron mojados... Entonces el Negus dijo: "En verdad, esto y lo que trajo Jesús provienen del mismo nicho. Ustedes dos se pueden ir

pues, por Dios, nunca los entregaré y no
habrán de ser traicionados."*

Hoy, en Etiopía, según el *International Year
Book* y el *Statesmen's Who's Who***, un tercio de la
población es pagana, un tercio cristiano y el tercio
restante musulmán.

---

* Ibíd., págs. 151 y ss.
** Londres (Burke's Peerage), edición de 1971, pág. 199.
Estimación de la población oficial: 23 millones (Ibíd., pág.
197). Las estimaciones varían entre 15 y 28 millones. Uno
da un total de 21.8 millones, con 13.08 millones como
musulmanes (*World Muslim Gazetteer*, Karachi (World
Muslim Congress) 1964, pág. 558).

5

LA PROXIMIDAD DE los musulmanes a los cristianos – especialmente a aquellos que adoptaron la vida devocional – y por lo tanto el respeto que sienten los musulmanes por aquellos que se entregan a Dios, es destacado en la Carta otorgada a los monjes del Monasterio de Santa Catalina, cerca del Monte Sinaí, que es una declaración de la actitud del islam, brindada por el propio Muhammad, y un importante documento histórico que data del año 627 d.c:

Mediante él, el Profeta les garantizó importantes privilegios e inmunidades a los cristianos y se les prohibió a los musulmanes, so pena de severos castigos, violar – y abusar de – lo que allí estaba ordenado. En esta carta el Profeta se comprometió, y ordenó a sus seguidores, a proteger a los cristianos, a ampararlos de todo peligro y defender sus iglesias y las residencias de sus sacerdotes. No debían ser gravados injustamente; ningún obispo debía ser expulsado de su obispado; ningún cristiano debía ser obligado a rechazar su religión; ningún monje debía ser expulsado de su monasterio; ningún peregrino debía ser impedido de realizar su peregrinación; ni las iglesias cristianas debían ser derribadas para construir mezquitas o casas para los musulmanes. Las mujeres cristianas casadas con musulmanes debían disfrutar de su propia religión y no ser sometidas a compulsión o molestia de ningún tipo por ese motivo. Si los cristianos necesitaban asistencia para reparar sus iglesias o monasterios, o cualquier otro asunto relacionado con su religión, los musulmanes debían ayudarlos.*

* Ameer Ali, Syed, *A Short History of the Saracens*, Londres (Macmillan), edición de 1949, págs. 14 y ss.

6

Mas la conexión cristiana con el islam data
de un período incluso anterior; de una época,
de hecho, en la que algunos árabes preislámicos
buscaban la fe de Hanifi, el nombre que se le dio
localmente a la religión del entregarse al Dios
de Abraham, su progenitor, y en la que se podía
encontrar cristianos entre los árabes de Hejaz* así
como en las tierras más septentrionales de Siria –
donde todavía hay florecientes iglesias – con más
de medio millón de cristianos en una población de
cinco millones.

Espiritual y culturalmente el mundo del islam
tiene un poderosísimo vínculo continuo con
el cristianismo a través del Líbano, uno de los
países árabes más progresistas, cuya población
es mayoritariamente cristiana y cuyo presidente
es, por costumbre, siempre un miembro de la

---

* Hubo reyes árabes y grandes iglesias y obispos en tiempos
preislámicos en Arabia: y se dice que tribus enteras eran
cristianas. (Cf. Sale, *The Koran*, discurso preliminar, citando
a al-Mustatraf, Ahmad b. Yusuf, Safiuddin, etc.)

comunidad cristiana. Los maronitas casi duplican a todos los demás grupos religiosos; el resto de los cristianos son principalmente católicos griegos y ortodoxos.*

Este aspecto de nuestra historia común, ligado a los buscadores de la verdad, a los paganos, los zoroástricos y cristianos de aquellos tiempos, nos da derecho a pensar en términos de una alianza de actitudes que las condiciones actuales permiten invocar y examinar, como algunos cristianos ahora lo están haciendo, como mencionaré en un momento.

Fue un monje cristiano, según la tradición islámica, quien informó por primera vez a los árabes politeístas – entre los cuales se estaba criando a Muhammad – que este se convertiría en un maestro espiritual. En aquel entonces Muhammad tenía doce años de edad y su misión no habría de comenzar por otros veintiocho años.

Ahora vamos rumbo a la próxima ocasión histórica importante.

---

* *The Middle East & North Africa*, Londres (Europa) 1969, pág. 449.

7

CUANDO LA CARAVANA mercantil de La Meca que pertenecía a Abu Talib, tío de Muhammad, se dirigía hacia su destino sirio, pasó por el monasterio cristiano de Jabal Harun donde un cierto venerado monje cristiano llamado Bahira rezaba, realizando sus devociones y dedicando su vida a Dios.

Bahira, rompiendo un día su rutina usual ante la perplejidad de los caravaneros, los invitó a todos a un festín en su monasterio.

No les explicó sus razones; pero los miró a todos, uno por uno, y luego preguntó:

"¿Hay alguien de su grupo que no se les haya unido esta noche?"

"Sí", dijeron, "hay uno, un jovencito de doce años, a quien dejamos en nuestras tiendas allí abajo pues es demasiado joven para acompañarnos."*

---

* Muhammad nació un 29 de agosto, en el año 570 de la era cristiana.

Bahira insistió en que lo trajeran y le dijo: "Joven, tengo una pregunta que hacer, ¿la responderás, por Lat y Uzza, tus grandes dioses de piedra?"

El muchacho respondió:

"No te dirijas a mí en nombre de los ídolos pues no les debo lealtad; pero pregúntame en nombre de Dios, y por Dios te responderé."

Bahira le preguntó muchas cosas, y finalmente se dirigió a Abu Talib y le dijo:

"Este no es un hombre común, este Muhammad, el hijo de tu hermano. Él será un profeta. Presta atención a mis palabras y cuídalo con esmero constante, tu encargo es precioso para la humanidad."*

* Shah, Sirdar Ikbal Ali, *Mohammed: The Prophet*, Londres (Wright and Brown), primera edición 1932, págs. 91 y ss.

8

Fue casi tres décadas después, en la ocasión más importante de la vida de Muhammad, que otro cristiano – un árabe – devoto y bien versado en las Escrituras, un hombre que había buscado el camino Hanifita, entró en su vida. Esto fue en el año 610 d.c, cuando Muhammad recibió en la Cueva en el Monte Hira su primera experiencia espiritual y temió haberse vuelto loco; o – tal como dijo – transformado en poeta. Cuando la voz se dirigió a él, fue temblando de miedo a ver a su esposa en La Meca diciendo: "¡Ay de mí, poeta o poseído!". Incluso había pensado en arrojarse desde lo alto de las rocas para suicidarse. Muhammad pensó que la gente nunca creería lo que tenía para decir, pero ella le recordó que tenía un carácter impecable y que era conocido por el título de al-Amin, el veraz.

De inmediato ella llevó a su esposo a lo de su primo Waraqah, hijo de Nofal, el devoto cristiano, para pedir su consejo. Waraqah escuchó el relato de la voz y lo que había dicho, y exclamó:

"¡Por el Dios santísimo! Si lo que has dicho es verdad, esta es la voz del Ángel que se le apareció a Moisés... No lo dudes Khadija, tu marido es el Profeta que ha surgido de la tribu de los Quraish..." Y él le dijo a Muhammad: "Si yo fuese a estar en el mundo de los vivos cuando tus parientes te envíen al exilio... quienquiera que traiga lo que tú traes caerá víctima de una persecución de lo más ruin."*

La voz había dicho, conservada en el Corán (74, 1 s.): "¡Oh Tú, envuelto en tu manto! Levántate y advierte."

*   *   *

EL INTERCAMBIO ENTRE cristianos y musulmanes, marcado por el reconocimiento de la abrumadora importancia del concepto de sumisión a la Voluntad de Dios, ha estado presente continuamente durante los últimos catorce siglos.** Las palabras de Muhammad a Bahira a la edad de doce años hablan de su sola sumisión a Dios. La bienvenida que Waraqa le

---

* Shah, Sirdar Ikbal Ali, *Mohammed: The Prophet*, Londres (Wright and Brown), primera edición 1932, págs. 106-7.
** Uno solamente tiene que leer a Evelyn Underhill, la autoridad sobre misticismo cristiano (*The Mystic Way*, Londres, 1913), para ver cómo constantemente ella menciona a la psicología Sufi y la afinidad de sus resultados con respecto a la devoción cristiana.

ofreció se basó en la repetición de la orden del
ángel de *obedecer* a Dios; la protección que el rey
etíope ofreció a los musulmanes estaba arraigada
en el relato de estos acerca de sus esfuerzos por
someterse, *entregarse*, a los principios que se
les había predicado. El diálogo, que en el título
de estas exposiciones lo caracterizamos como
"Un intento de diálogo", comenzó antes de la
proclamación del islam, continuó a través de la
infancia del islam y del período de la supremacía de
los musulmanes en Oriente, ha de ser encontrado
en el respeto mutuo durante las Cruzadas*,
en la España musulmana donde estudiaron
tantísimos eruditos cristianos (incluido al menos
un papa, Gerbert**), y sobrevivió al período

---

* Este aspecto, por supuesto, ha sido abundantemente
tratado en muchos libros y es una cuestión de conocimiento
común. "Cuando Usman b. Munqidh, un emir sirio del siglo
XII, visitó Jerusalén durante un período de tregua (en la
Segunda Cruzada), los Caballeros Templarios, que habían
ocupado la Masjid-al-Aqsa (la Mezquita más alejada, cerca
de la Cúpula de la Roca) le asignaron una pequeña capilla
contigua para que pudiese realizar sus oraciones, y se
molestaron fuertemente por la interferencia de un cruzado
recién llegado que tomó este nuevo rumbo hacia la libertad
religiosa de una forma muy negativa." (Arnold, Sir Thomas:
op.cit. (Pág. 90) que cita Guizot, *Histoire de la Civilisation
en Europe*. París 1882.)

** Silvestre II, año 999 d.c, ver Hitti, *History of the Arabs*,
bajo Silvestre II.

colonizador del que acabamos de emerger. Se lo ha de encontrar tanto en los escritos como en los discursos de los pensadores musulmanes y cristianos contemporáneos, y de los trabajadores de estas comunidades en los campos de la política, la economía, la ciencia y las humanidades.

Los pensadores occidentales contemporáneos no desestiman la posibilidad de que la comprensión se desarrolle a partir del pensamiento de grandes intelectuales y místicos como al-Ghazzali – de quien tendremos más para decir en un rato – en reconocimiento de los problemas comunes que enfrentan los creyentes en la actualidad. En palabras del distinguido arabista y profesor W. Montgomery Watt de Edimburgo:*

> El islam ahora está luchando contra el pensamiento occidental como alguna vez luchó contra la filosofía griega, y está tan necesitado como lo estaba entonces de una "revivificación de las ciencias religiosas". El estudio profundo de al-Ghazzali puede sugerir a los

---

* Watt, W. Montgomery, *The Faith and Practice of Al-Ghazzali*, Londres (Allen) 1963, pág. 15. Ghazzali murió en el año 1111. La alusión es a su libro *The Ihya'* (Revivificación de las ciencias religiosas), que citamos a continuación.

musulmanes que se tomen medidas si es que han de lidiar exitosamente con la situación contemporánea. También los cristianos, ahora que el mundo posee un crisol cultural, deben estar preparados para aprender del islam y es poco probable que encuentren una guía más cordial que al-Ghazzali.

9

AHORA ME GUSTARÍA hacer una pausa para considerar algunas de las formas en que los musulmanes piensan en Allah, Dios a quien adoran y a cuya voluntad aspiran a someterse, entregarse. En palabras de una de las partes más conocidas del Misericordioso Corán, el Verso del Trono:*

¡Alá! No hay otra deidad excepto Él
El Viviente, el Eterno.
Ni la somnolencia ni el sueño lo vencen
Suyo es lo que está en los cielos y en la tierra.
¿Quién podrá interceder ante Él si no es con
    Su permiso?
Él conoce todo lo que está ante ellos y lo
    que vendrá después;
Y no saben nada de su conocimiento
    excepto lo que Él quiere,
Y su trono se extiende sobre los cielos y la
    tierra,
Y su protección no es un lastre para Él
Y Él es el Altísimo y el Más Grande.

* Corán, Baqara (2): 255 (Verso del Trono).

Otro de los pasajes más repetidos es la Sura 24 (La Luz), verso 35, conocido como el verso de la luz, que se refiere a Dios en la analogía de la iluminación, y que ha sido tomado por muchos de los místicos musulmanes, como al-Ghazzali*, en su intento de enseñar el camino de entregarse a la voluntad de Alá:

> Alá es la Luz de los cielos y de la tierra. Su Luz se parece a una lámpara dentro de un nicho. La lámpara está dentro de un cristal, como una estrella resplandeciente. Es encendida por un olivo bendito, ni de Oriente ni de Occidente y cuyo aceite casi brillaría por sí mismo, sin el efecto de ningún fuego. Luz sobre Luz. Alá guía hacia su luz a quien Él quiere.

Estos textos principales son tradicionalmente aquellos que han sido utilizados para la contemplación por místicos musulmanes que siguen el camino de la entrega.

---

* Este es el texto sobre el cual está basado el famoso tratado Mishkat an-Anwar (Nicho de luces) de Ghazzali.

10

LAS HISTORIAS DE Jesús y las referencias a él
abundan en el Corán, en las Tradiciones del Profeta
y en la literatura devocional y psicológica del
islam. Algunos de estos les resultan conocidos a
los cristianos a través de sus propios evangelios;
otros les son menos familiares. Como maestro de
la salvación a través de la sumisión, a Jesús se lo
considera a menudo como un modelo. Uno podría
escribir un libro, o hablar durante meses, sobre este
aspecto de la tradición. Elijo este breve extracto
de Ihya al-Ulum (*Revivificación de las ciencias
religiosas**) como una pequeña muestra de cómo
en el islam se cita a Jesús como alguien que enseña
a través de palabras y actos, al ilustrar en el plano
mortal mediante la acción positiva las recompensas
que surgen a partir de la sumisión a Dios:

> Se narra que Jesús – la paz sea con
> él – vio a un leproso ciego, que estaba
> diciendo:

---

*   Por al-Ghazzali (Vol. 4).

"Alabado sea Dios, que me ha salvado de muchas cosas que les han sucedido a otros."

"¿De qué aflicción estás libre?", le preguntó Jesús.

"Espíritu de Dios", dijo el leproso, "estoy mejor que aquellos que no conocen a Dios."

"Hablas con sinceridad", dijo Jesús, "estira tu mano."

Extendió la mano y al instante su salud volvió a estar perfecta, a través del poder de Dios. Y siguió a Jesús y oró con él.

Podríamos considerar que esta enseñanza-demostración – como podría llamarse – tiene una equivalencia, ya sea en un plano inferior o no, tanto en la acción social como en la disciplina espiritual de la que hablaremos más adelante. Trasladándonos al presente, y transponiéndonos a un área dentro de nuestro rango de acción diario, acaso notemos el pensamiento de uno de nuestros grandes contemporáneos que no ve ningún obstáculo para interpretar la "entrega" en términos de armarnos a nosotros mismos para llevar a cabo misiones humanas.

"Entregarse a Dios" debe significar rendirse a los Principios que son representativos y derivados de – y análogos a – aquellos de los más altos ideales acerca de lo que es bueno. Esta entrega, por lo tanto, puede ser (y de hecho debe ser) expresada en términos sociales y psicológicos y otros, así como en los distintivamente devocionales que están confinados a la especialización religiosa dentro de comunidades ideológicas, sectas o instituciones que reclaman exclusividad.

Un ejemplo de esto en el campo social, legal y político lo brinda uno de los pensadores y hombres de acción más distinguidos del islam, el estadista Abd al-Rahman Azzam Pasha*, cuyo nombre y pensamiento son conocidos y respetados en todo el islam:

> Es nuestro derecho, nosotros los descendientes de personas justas, equitativas y misericordiosas en Oriente, como musulmanes y como cristianos, luchar por un renacimiento en el que serviremos como modelos y voceros de la libertad de culto y de opinión en un mundo que se ha vuelto intolerante con aquellos que difieren en sus puntos de vista. Nuestros antepasados fueron los

---

* En *The Eternal Message of Muhammad*, Nueva York (Mentor), 1965, pág. 175.

protectores de esta libertad y su ejemplo supremo. Heredemos esta tolerancia y llevemos su estandarte.

En este sentido, el servicio al hombre *es* el servicio a Dios; y cumplir con nuestro deber para con el hombre *es* llevar a efecto los mandatos de Dios y, por lo tanto, rendirnos a lo que nos ha ordenado hacer*.

También en este sentido, el diálogo ya está en marcha: pues los musulmanes y los cristianos ya trabajan juntos en todo el mundo, aunque no en todas partes o todo el tiempo, focalizándose en tareas que están enraizadas en la aceptación de los mandatos de Dios para todos; y por lo tanto en la entrega.

Esto, por supuesto, solo puede ser una tarea voluntaria que nunca ha de ser impuesta; la imposición del servicio, en el sentido en que los musulmanes y los cristianos lo entienden, es un absurdo, una imposibilidad. islam, la misma palabra que significa "Sumisión", significa libertad y elección en el servicio, tanto en su sentido

---

* Uno de los grandes autores místicos islámicos, el poeta persa Saadi, dice en un pasaje famoso: "El Camino no es otro que el estar al servicio de la gente. No está en rosarios ni en alfombras o túnicas." *Bostan, I.*

perceptible como interior. Esto es tan importante que está escrito en un famoso pasaje del Corán, que por supuesto tiene la fuerza de la ley para todos los musulmanes:

"¿Quieres obligar a los hombres a convertirse en creyentes? Ningún alma puede creer excepto con el permiso de Dios."*

Y quizás aún más familiar, al menos para los musulmanes, es la orden:

"Que no haya coerción en la religión."**

* Sura 10, 99-100.
** Sura 2, 256.

II

11

Un gran orientalista occidental (que también me ha pedido que no diera su nombre) me ha expresado, ya que me ocuparé del diálogo entre cristianos y musulmanes, que siente que es mi deber denunciar – tal como dice él – el desprecio que algunos eruditos musulmanes han demostrado de vez en cuando para con los orientalistas europeos y estadounidenses y otros especialistas. También escribe que debería dejar en claro que, en su opinión, no se puede hablar de "musulmanes" como un todo ya que están agrupados en dos secciones principales, los sunitas y los chiitas y que, por lo tanto, cree que no puede haber diálogo entre los musulmanes y los cristianos propiamente dichos. Y que los Sufis, místicos del islam, son en realidad anti-musulmanes aunque se entreguen a Dios.

Apelo a vuestra tolerancia para tratar estos puntos. Por lo general, uno no les habría dado mucha importancia; pero después de contactar a varios eruditos cristianos que han focalizado sus estudios en el islam, he descubierto mediante sus reacciones que ellos también sienten que este es un tema digno de ser destacado.

Cuando se le pidió al profeta Muhammad que maldijera a los incrédulos, según la tradición autorizada, él respondió: «No fui enviado para esto, fui enviado solamente como una misericordia para la humanidad." Además, dijo: "Es indigno dañar la reputación de la gente; y es indigno maldecir a cualquiera; y es indigno abusar de alguien; y es indigno que los fieles hablen en vano."

En cuanto a si hablamos como musulmanes, a pesar de lo que ha sido denominado la diferencia entre chiitas y sunitas, no creo que sea necesario intentar formular respuestas cuando esto ya ha sido hecho lo suficientemente bien. Los musulmanes siguen el precepto establecido por Muhammad cuando dijo: "Los musulmanes son como una pared, y algunas partes fortalecen a otras; así es como deben apoyarse mutuamente."

Siguiendo el razonamiento de que algo que ha sido dicho correcta y adecuadamente debe repetirse en lugar de intentar suplantarlo, tengo la fortuna de poder citar un comentario reciente sobre este tema del gran erudito del islam en Persia Seyyed Hossein Nasr, que es profesor de Historia de la Ciencia y Filosofía en Teherán y proviene de una familia honrada. En un libro recientemente publicado en Occidente, él dice:

> De hecho, el sunismo y el chiismo, ambos pertenecientes a la ortodoxia total del islam, no destruyen de ninguna manera su unidad. La unidad de una tradición no es destruida por diferentes aplicaciones de la misma sino por la destrucción de sus principios y formas, así como también de su continuidad. De hecho, al ser "la religión de la unidad", el islam muestra más homogeneidad y menos diversidad religiosa que otras religiones mundiales.*

Dentro del "sistema de sumisión" del islam, como en el cristianismo, hay lugar para una tremenda variedad de opiniones una vez que se aceptan las creencias básicas. La base del islam es la sumisión a Dios, pero ha habido (de hecho todavía hay) musulmanes que aceptan el Corán como la ley pero no a las Tradiciones, los "Refranes" del Profeta. Incluso hay quienes llaman a la *Sharia*,

---

* Nasr, Seyyid Hossein, *Ideals and Realities of islam*, Londres (George Allen & Unwin) 1966 (edición de 1971), pág. 148.

comúnmente aceptada como el camino sagrado de la ley o el islam en su extrapolación del Corán, una "innovación". El mandamiento básico es tan básico que esta diversidad en la unidad es posible. Los pensadores musulmanes a veces expresan sorpresa cuando se topan con varios de estos fenómenos, aunque cuando el tiempo ha hecho su trabajo raramente no logran integrar ejemplos en su pensamiento. Y en el islam esto ha sido siempre así.

El concepto erróneo de los Sufis como derviches locos, oportunistas y charlatanes – o misteriosos en el mejor de los casos y degenerados en el peor –, sectarios de hábitos dudosos y tendencias explotadoras, imitadores de santos que desvirtúan al islam, la fe y la estabilidad social, no está de ninguna manera limitada a Occidente. Pero dado que la explicación es simple (que posiblemente haya manzanas podridas en cualquier barril y que sin contexto las expresiones Sufis no siempre se entienden) y que muchas personas han ayudado a poner las cosas en su lugar a lo largo de los siglos, lo único que se necesita es información a gran escala y comprensión. Solo aquellos que carecen de una o ambas realmente continúan oponiéndose, y el pronóstico para el conocimiento Sufi y la apreciación de su contribución pasada, presente y futura es realmente brillante. El profesor Nasr ha iluminado muchos aspectos importantes de esta situación para los eruditos occidentales, y acaso se lo haya tratado injustamente a través de la publicación de críticas a su trabajo que señalan prejuicios emocionales y una subjetividad antioccidental. De hecho, ha reconocido generosamente a muchas obras occidentales sobre el Sufismo, el chiismo, la religión comparativa y varias formas de abordar la metafísica.*

* Por ejemplo, en *Sufi Essays*, Londres (George Allen & Unwin), 1972, cubre muchos puntos interesantes, lamenta las actividades de los superficialistas e imitadores, analiza las actitudes chiitas y sunitas, y cita el reciente trabajo occidental que ha intentado transmitir el pensamiento Sufi de forma occidental.

12

SIN EMBARGO, DEBERÍA recordarse que el tipo de oposición con la que se topa actualmente un erudito rara vez se parece a lo que tuvo que enfrentar nuestro próximo escritor, el gran místico al-Ghazzali: sus obras fueron arrojadas a las llamas en España por sus correligionarios*. Mirando las 500 entradas provenientes de todo el mundo en una bibliografía de referencias a mis propios libros – ahora en preparación – descubrimos que menos del cuatro por ciento de aquellas son hostiles, incluyendo los habituales ataques personales y la denigración ideológica; y por lo menos algunas de ellas parecen claramente basadas en malentendidos.

*   *   *

HEMOS VISTO CÓMO los cristianos y los musulmanes han pensado de forma similar

---

*   Quienes más tarde lo proclamaron como "la Prueba del islam".

y trabajado juntos, cómo han respetado la espiritualidad y el servicio del otro, y cómo cada uno ha apreciado el concepto de entrega que es inherente a la tradición que los une.

Antes de profundizar en la sociología, la psicología o la historia de las dos religiones, quiero contarles algo sobre un enfoque musulmán típico. Aquí están las palabras de uno de nuestros más grandes místicos, al-Ghazzali (1058-1111), cuyas obras fueron tan estimadas en la Edad Media de la cristiandad que, así como está registrado en Occidente, los clérigos sostenían la creencia de que en realidad era un escritor cristiano, "versado en la doctrina"; mientras que Ghazzali era, por supuesto, no solo un místico Sufi experiencial sino también un exprofesor de teología islámica del Nizamia en Bagdad.

En los pasajes aquí seleccionados del *Minhaj al-Abidin* ("El camino de los adoradores", o "El buen camino de los sometidos"), describe las experiencias y las disciplinas que acompañan al buscador en sus esfuerzos por adorar y cumplir la voluntad de Dios.

Primero podemos notar brevemente la opinión de un erudito cristiano sobre él:

> Otro escritor cuyo trabajo tuvo gran influencia en Occidente fue Algazel (Abu Hamid ibn Muhammad al-Tusi

al-Ghazzali) (1058-1111). Apodado
Hujjatu-l-islam, "La Prueba convincente
del islam", su variada vida transcurrió en
medio de los importantes movimientos
intelectuales y religiosos de su época. A
su vez había sido filósofo, escolástico,
tradicionalista, escéptico y místico.
Hombre de sinceridad incuestionable
y firme propósito moral – uno de los
poquísimos hombres de su raza que
constantemente se esforzó por despertar
en sus correligionarios un afán por la
moralidad – ha mantenido en el islam
una posición que se podría comparar
con la de Santo Tomás de Aquino en
el cristianismo. Al leer sus tratados
teológicos uno debe realizar un esfuerzo
para recordar que el autor es un
Mahometano.*

Este es el pasaje que describe los Siete Valles,
escrito en el siglo XI y considerado un manual
de enseñanza mística, derivado de la propia
experiencia de Ghazzali:

---

* Prof. Alfred Guillaume, "Philosophy and Theology", en
  Legacy of islam, págs. 269 y ss. (impresión Oxford 1968)

LOS SIETE VALLES

Sepan, hermanos míos, que la adoración es el fruto del conocimiento, el beneficio de la vida y el capital de las virtudes. La finalidad y el objetivo de los humanos de aspiraciones nobles es tener una visión interior aguda. Es su *summum bonum* y su eterno Paraíso. "Soy tu Creador", dice el Corán. "Alábame. Tendrás tu recompensa y tus esfuerzos serán recompensados."

Entonces la adoración es esencial para el humano, pero está plagada de dificultades y tribulaciones. Tiene escollos y trampas en su tortuoso camino que es asediado por salvajes y duendes, mientras que los ayudantes son escasos y los amigos son pocos. Pero este camino de adoración debe ser peligroso pues el Profeta dice: "El Paraíso está rodeado de sufrimientos y cubierto por tribulaciones, mientras que el Infierno rebosa de confort y el libre disfrute de las pasiones." ¡Pobre hombre! Él es débil, sus compromisos son pesados: los tiempos son difíciles y la vida es corta. Mas el viaje desde aquí hacia el más allá es inevitable, y si no toma

las provisiones necesarias seguramente
perecerá. Reflexiona sobre la gravedad
de la situación y la seriedad de nuestra
condición. Por Alá, nuestra suerte es
realmente lamentable, pues muchos son
convocados pero son pocos los elegidos.

Cuando encontré al camino de
adoración tan difícil y peligroso
compuse ciertas obras, principalmente
Ihya ulum-iddin, en las que señalé las
formas y los medios de superar esas
dificultades, enfrentándome audazmente
a los peligros y atravesando el camino
con éxito. Pero ciertas personas que
miraban las manifestaciones externas de
mi trabajo no entendieron el significado
y el propósito del mismo, y no solo
rechazaron el libro* sino que lo trataron
de una manera que no era digna de un
musulmán. Pero no me desanimé pues
había personas que solían ridiculizar
el Sagrado Corán, llamándolo "Las
Historias de los Antiguos". Tampoco
me ofendí, ya que sentía lástima por

---

* Durante la vida del autor, el libro fue quemado
públicamente en el mercado por el Ulama de España, tierra
de la inquisición.

ellos pues no sabían lo que se estaban haciendo a sí mismos. Ahora odio los debates pero debo hacer algo por ellos. Así que debido a la compasión que siento por mis hermanos, oré a Dios para que me iluminara sobre el tema de una manera nueva.

Entonces escucha que el primer requisito que despierta al humano del letargo del olvido y lo dirige hacia el sendero es la gracia de Dios que agita la mente para meditar así:

Soy el beneficiario de tantos dones – vida, poder, razón, habla – y me encuentro misteriosamente protegido de muchos problemas y males. ¿Quién es mi benefactor? ¿Quién es mi salvador? Debo estarle agradecido de una manera adecuada, de lo contrario se me quitarán los dones y quedaré deshecho. Estos dones revelan su propósito como lo hacen las herramientas en manos de un artesano, y el mundo se me presenta como una hermosa imagen que dirige mis pensamientos hacia el pintor.

i El Valle del Conocimiento

El soliloquio lo lleva al Valle del Conocimiento donde la fe implícita en

el Mensajero Divino lidera el camino y
le dice:

El Benefactor es ese Ser Único que
no tiene socios. Él es tu Creador y
es omnipresente mas invisible, cuyos
Mandamientos deben ser obedecidos
tanto interna como externamente.
Él ha ordenado que los buenos sean
recompensados y los impíos castigados.
La elección ahora es tuya porque eres
responsable de tus acciones. Adquiere
conocimientos mediante *Ulama**
temerosos de Dios con una convicción
que no flaquea.

Cuando se atraviesa el Valle del
Conocimiento, el hombre se prepara
para la adoración pero su conciencia
culpable lo reprende diciendo: "¿Puedes
golpear la puerta del Santuario? ¡Fuera
con tus abominaciones contaminantes!"

ii El Valle del Arrepentimiento
El pobre pecador cae en el Valle del
Arrepentimiento cuando se oye una voz:
¡Arrepiéntete, arrepiéntete! porque tu
Señor es indulgente." Ahora se llena de

---

*   Hombres instruidos.

valor y surgiendo con alegría avanza
aún más.

iii El Valle de los Escollos

Y entra en un valle lleno de escollos
cuyos cuatro principales son, a saber: el
mundo tentador; la gente atractiva; el
viejo enemigo Satanás y el yo desmedido.
Deja que tenga cuatro contrapesos para
superar la dificultad. Trata de elegir la
vida aislada; evita mezclarte con todo
tipo de personas; lucha contra el viejo
enemigo y contrólate por la brida de la
piedad.

Recordemos que los cuatro
contrapesos deben enfrentar otros
cuatro problemas psicológicos, a saber:
(1) Preocupación ansiosa por el pan del
hombre como resultado de su aislación.
(2) Las dudas y ansiedades sobre sus
asuntos privados que le perturban la paz
mental. (3) Preocupaciones, penurias y
humillaciones por falta de contacto
social. Porque cuando el hombre desea
servir a su Dios, Satanás lo ataca abierta
y secretamente desde todos los lados. (4)
Sucesos desagradables y sufrimientos
inesperados como resultado de su
destino.

iv El Valle de las Tribulaciones

Estos problemas psicológicos arrojan al pobre adorador al Valle de las Tribulaciones. En esta grave situación, deja que el hombre se proteja a sí mismo mediante: (1) Depender de Dios en lo referido a su sustento. (2) Invocación de Su ayuda cuando se encuentre indefenso. (3) Paciencia durante los sufrimientos. (4) Sumisión gozosa a Su voluntad.

v El Valle del Trueno

Al atravesar este temible Valle de las Tribulaciones el hombre piensa que el pasaje no será fácil pero para su sorpresa descubre que el servicio no es interesante, las oraciones son mecánicas y la contemplación no es placentera. Es indolente, melancólico y estúpido. Desconcertado y perplejo, ahora entra en el Valle del Trueno. El relámpago de la Esperanza deslumbra su vista y cae tembloroso cuando escucha el ensordecedor sonido del trueno del Miedo. Sus ojos llenos de lágrimas imitan las nubes y sus pensamientos puros brillan con el relámpago. En un momento se resolvió el misterio de la Responsabilidad Humana con su recompensa por las buenas acciones y el castigo por los actos malvados. De aquí en adelante su culto no serán puras palabras vanas y su trabajo diario no será uno penoso. Elevándose por lo alto se posará sobre las alas de la Esperanza y el Miedo.

vi El Valle Abismal

Con un corazón ligero y de buen humor continuaba avanzando en su camino cuando de repente el Valle Abismal hizo su aterradora aparición. Al profundizar en la naturaleza de sus acciones, descubrió que los buenos eran impulsados por el deseo de ganar la aprobación de sus semejantes o simplemente como resultado de la vanagloria. Por un lado vio al monstruo de la hipocresía con cabeza de hidra acechando y por el otro a la hechicera Pandora de la arrogancia con su caja abierta. En su desesperación no sabía qué hacer, cuando ¡ay! el ángel de la sinceridad emergió de la profundidad de su corazón y, tomándolo del brazo, lo llevó a través del valle.

Expresando su gratitud por el favor divino continuaba avanzando aún más, cuando el pensamiento de los múltiples favores para con su ser indigno y su incapacidad para estar a la altura de las gracias recibidas lo abrumó.

vii El Valle de los Himnos

Este fue el Valle de los Himnos donde, como mortal que era, hizo todo lo posible por cantar las canciones de alabanza al Ser Inmortal. La Mano Invisible de la Divina Misericordia abrió la puerta del Jardín del Amor y fue invitado a pasar en cuerpo y alma, ya que ambos habían desempeñado su rol tanto directa como indirectamente. Aquí termina el viaje. El adorador ahora vive entre sus semejantes como un viajero pero su corazón vive en Él esperando para llevar a cabo la última orden: "¡Oh Alma, estás en paz! Regresa, bien complacida y bien complaciente, a tu Creador. Luego únete a Mis Servidores e ingresa a Mi Paraíso." (Corán, cap. LXXXIX, al-Fajr)*

*   *   *

* *Vide*: Ali, Syed Nawab, *Some Moral and Religious Teachings of Al-Ghazzali*, Baroda (1920) y Lahore (Ashraf), 1960, 3ª edición, págs. 159 y ss.

13

LOS MÉTODOS DE estudio de la entrega, contemplación y abstinencia de los cristianos y musulmanes rendidos ante Dios, no solo ordenaron el consentimiento de los devotos de ambas persuasiones – como por ejemplo el visto bueno de Llull a los Sufis y sus recitaciones – sino que produjeron un resultado común e incluso, como en los siguientes pasajes, una identidad casi misteriosa entre algunos de los más grandes místicos cristianos e islámicos.

Vale la pena recordar varias instancias, y ciertos patrones, de la interacción y la relación entre musulmanes y cristianos tal como está registrada en un formato fácilmente disponible. Algunos de los relatos como los de Saladino y los Cruzados, o la influencia de las búsquedas comunes de conocimiento en la España arabizada, son ampliamente conocidos por los lectores de todo tipo de literatura e incluso por muchos que miran películas o documentales en televisión. Otros eventos y desarrollos son principalmente conocidos solo en las culturas locales, y estos incluyen la vida de Rodrigo "el Cid" (el-Saiyid) y la historia de los cristianos que lucharon codo a codo con los musulmanes contra los opresores persas durante los primeros años del islam. Pero la cantidad de material es tal, tanto narrativo como literario, que el mirar a través de él casi podría ser denominado un patrón o una serie de patrones. He elegido uno o dos ejemplos y temas para ilustrar lo que quiero decir.

Uno de los maestros espirituales musulmanes más conocidos en Occidente es, por supuesto, Jalaluddin Rumi (1207–73), el místico y poeta que tuvo seguidores cristianos y judíos, así como también musulmanes. Podemos comenzar con un relato, preservado en *Munaqib al-Arifin** de Aflaki ("Los actos de los adeptos"), sobre el comerciante persa que buscaba sabiduría y a quien Rumi le enseñó con una impresionante lección objetiva.

Este hombre de Tabriz llegó a Konya (en la Turquía asiática, entonces conocida como Roum) en busca de enseñanzas espirituales, trayendo consigo cincuenta lentejuelas como ofrenda. Aflaki, traducido por Redhouse, continúa:

Cuando llegaron a la escuela, Jelal estaba sentado solo en la sala de conferencias

---

* Redhouse, James W., *Legends of the Sufis*, Kingston, 1965 (reimpresión de la edición de 1881 "The Acts of the Adepts".)

inmerso en el estudio de algunos libros. El grupo hizo sus reverencias y el comerciante se sintió completamente sobrecogido por el aspecto del venerable maestro; de modo que se echó a llorar y no pudo pronunciar ni una palabra. Jelal se dirigió a él, entonces, de la siguiente manera:

"Las cincuenta lentejuelas que has presentado como tu ofrenda son aceptadas... La causa y la razón de tus pérdidas pasadas" – las cuales preocupaban al comerciante – "fue que, un día determinado, estabas en el oeste de Farangistán (Europa) donde fuiste a cierto distrito de cierta ciudad y allí viste a un pobre farangi (europeo), uno de los más grandes santos valorados por Dios, que yacía tendido en la esquina de un mercado. Cuando pasaste junto a él le escupiste, manifestando tu aversión. Su corazón se entristeció por tu acto y comportamiento. Por consiguiente las apariciones que te han afligido. Entonces ve y haz las paces con él, pidiéndole perdón y ofreciéndole nuestros saludos."

El comerciante quedó petrificado ante esta declaración. Luego Jelal le preguntó: "¿Quieres que te lo mostremos en este instante?" Dicho esto colocó su mano sobre la pared de la habitación y le dijo al comerciante que observara. Una puerta se abrió instantáneamente en la pared, y el comerciante desde allí percibió a ese hombre tumbado en un mercado de Farangistán. Ante esta visión, inclinó la cabeza y se arrancó la ropa, alejándose de la santa presencia en un estado de estupor. Recordó todos estos incidentes como hechos.

Inmediatamente comenzó con sus preparativos, partió sin demora y llegó a la ciudad en cuestión. Preguntó por el barrio que deseaba visitar y por el hombre al que había ofendido. Lo descubrió acostado, estirado como Jelal le había mostrado. El mercader desmontó del caballo e hizo una reverencia al derviche farangi postrado, quien de inmediato se dirigió a él de esta manera: "¿Qué deseas que haga? Nuestro Señor Jelal no me sufre; de lo contrario, yo tuve el deseo de hacerte ver el poder de Dios y lo que soy. Pero ahora, acércate."

El derviche farangi entonces apretó al mercader contra su pecho, lo besó repetidamente en ambas mejillas y luego agregó: "Mira ahora, para que puedas ver a mi Señor y Maestro espiritual, y para que seas testigo de una maravilla." El mercader miró. Vio al Señor Jelal inmerso en la danza santa, cantando este himno y embelesado con la música sacra:

"Su reino es vasto y puro; cada especie encuentra allí su lugar apropiado;

Cornelia, rubí, terrón o guijarros, estarás en Su colina.

Cree, Él te busca; descree, y acaso Él te limpie hasta embellecerte;

Sé aquí un fiel Abu-Bekr*; un farangi allí; a voluntad de Mallorca (cuyos escritos hablan a favor de los Sufis).

También se cuenta que cuando murió Jalal:

[los] dolientes eran de todos los credos y de varias naciones: judíos y cristianos, turcos, romanos y árabes estaban entre ellos. Cada uno recitó

---

* Es decir, un observador ortodoxo de la creencia mayoritaria dentro del islam; por ende contrasta con un cristiano occidental. Se ha afirmado que el "derviche franco" no era otro que Ramón Llull ("Raimundo Lulio").

pasajes sagrados de la Ley, los Salmos o el Evangelio según sus costumbres. Los musulmanes se esforzaron por ahuyentar a estos forasteros. No eran repelidos; como resultado se armó un gran tumulto. El sultán, el heredero natural y el Perwana fueron volando para apaciguar el conflicto, junto con los principales rabinos, los obispos, los abades, etc.

Se les preguntó a estos últimos [continúa la leyenda] por qué participaron del funeral de un eminente sabio y santo musulmán. Ellos respondieron que de él habían aprendido más acerca de los misterios ocultos en sus escrituras, que todo lo que habían aprendido hasta entonces; y habían encontrado en él todos los signos y cualidades de un profeta y un santo, tal como se establece en esos escritos. Luego declararon: "Si ustedes musulmanes creen que fue el Muhammad de su era, lo consideramos el Moisés, el David, el Jesús de nuestra época; y somos sus discípulos, sus seguidores." Los líderes musulmanes no fueron capaces de responder... Había fallecido durante el ocaso del 16 de diciembre de 1272 [a los sesenta y seis años de edad].*

Aunque el impacto de la descripción de al-Ghazzali de la geografía psíquica de los Valles que hemos examinado no depende de ningún conocimiento de la lengua árabe, y no obstante que Rumi no trabajó mayormente en árabe sino en persa, la influencia y las dimensiones internas del árabe siempre han tenido una importancia en la interacción entre aquellos cuya lengua materna es dicho idioma, ya sean musulmanes o cristianos.

Así que me propongo volver a este aspecto de la comprensión del concepto de "Entrega", para arrojar sobre él la luz adicional que podamos para favorecer el entendimiento cristiano-musulmán.

Al-Ghazzali, aunque nació en Tus – en lo que era conocido como Jorasán, en la Persia Oriental cerca de la Ciudad Santa de Mashad –, por lo general utilizaba el idioma árabe, que en aquel entonces también era ampliamente conocido por los cristianos orientales (árabes) y muchos de los cristianos destacados de la Europa latina a través

---

* *Op. cit.*, pág. 96.

de sus contactos con, y estudios en, las escuelas hispanoárabes. El uso del árabe fue un elemento importante en el entendimiento mutuo entre cristianos y musulmanes en muchas áreas de la creencia y la práctica, sobre todo porque se podían deducir una plétora de significados, relacionados con la misma raíz, mediante el uso de una palabra árabe que mostrara la relación de conceptos que cuando eran traducidos a otras lenguas perdían sus asociaciones inevitables.

Para poder enfocar mejor esta afinidad, observemos el conjunto de significados en árabe que para los árabes cristianos y musulmanes y árabeparlantes eran parte de su patrimonio común. Tiene una relación directa con el sentido de "entregarse" como la esencia de la práctica religiosa: la acción de entregarse, a diferencia del ritual visto como una acción o del simbolismo que se considera igual a la acción.

Soy consciente de que existe una gran cantidad de evidencia cultural y externa para la elisión de términos o la equiparación de conceptos en un nivel inferior durante la Edad Media. Tomemos, por ejemplo, la evidencia directa de la alineación del pensamiento mostrada por el rey Alfonso VIII de León y Castilla (1158-1214) en la acuñación de su moneda. Su *dinar* aún existe, con su título en árabe de Emir al-Qatuliqin ("Comandante de los católicos") y la función del Papa definida como Imán al-Baya al-Masihiya (Líder de la Comunidad del Mesías, Jesús), la iglesia cristiana*. También en Sicilia el entendimiento mutuo era muy notable.**

La existencia de santos Sufis en España, donde estudiaron muchos eruditos cristianos de la Edad Media, es demostrada mediante la abundante documentación de sus vidas y también por los libros de, por ejemplo, el español Ibn al-Arabi, uno de los más grandes maestros Sufis. El profesor Norman Cohn, entre otros, ha escrito sobre la teoría de la "simbiosis" del empirismo cristiano-musulmán, además de presentar un resumen gráfico de algunos de los intercambios entre los elementos seguramente más salvajes de ambos grupos:

---

*   Profesor Philip Hitti, *History of the Arabs*, Nueva York (Macmillan), edición 1951, pág. 542.

** "Aunque él mismo era un cristiano inculto, Roger I (fallecido en 1101) extrajo de los musulmanes el grueso de su infantería, patrocinó el aprendizaje del árabe, se rodeó con filósofos, astrólogos y médicos orientales, y permitió que los no cristianos siguieran libremente sus ritos... Roger mantuvo el antiguo sistema de administración e incluso se quedó con varios altos funcionarios musulmanes. Su corte en Palermo parecía más oriental que occidental. Durante más de un siglo después, Sicilia presentaba el espectáculo único de un reino cristiano en el que los musulmanes ostentaban algunos de los cargos más altos. (Hitti, *History of the Arabs*, NY (Macmillan), edición 1951, pág. 607.)

Hacia finales del s. XII, varias ciudades españolas y especialmente Sevilla, fueron testigos de las actividades de las fraternidades místicas de los musulmanes. Estas personas, que eran conocidas como Sufis, eran "mendigos sagrados" que erraban en grupos por calles y plazas, vestidos con túnicas emparchadas y multicolores. Los novicios entre ellos eran educados en humillación y abnegación: tenían que vestirse con harapos, mantener sus ojos fijos en el suelo, comer alimentos repugnantes; y debían obediencia ciega al maestro del grupo. Pero una vez que emergían de su noviciado, estos Sufis entraban a un reino de libertad total. Rechazando el aprendizaje mediante libros y las sutilezas teológicas, se regocijaban con el conocimiento directo de Dios; de hecho, se sentían unidos con la esencia divina de una forma muy íntima y esto, a su vez, los liberaba de todas las restricciones. Cada impulso era experimentado como un mandato divino; ahora podían rodearse de posesiones mundanas, ahora podían vivir lujosamente y ahora, también, podían mentir o robar o fornicar sin escrúpulos. Pues dado que internamente el alma estaba completamente absorta en Dios, los actos externos no tenían importancia.

Es probable que el Sufismo, tal como se desarrolló a partir del siglo IX en adelante, le deba mucho a ciertas sectas cristianas místicas de Oriente. A su vez, parece haber ayudado al crecimiento del misticismo del Libre Espíritu en la Europa cristiana. Desde luego que cada uno de los aspectos que caracterizaron al Sufismo en la España del s. XII – incluso hasta en detalles como las túnicas multicolores – sería señalado como típico de los adeptos del Libre Espíritu un siglo o dos más tarde. En cualquier caso, alrededor del año 1200 el culto al Espíritu Libre comenzó a surgir como una herejía fácil de notar en la cristiandad occidental.*

---

* Cohn, N., *The Pursuit of the Millennium*, págs. 151 y ss. Estoy en deuda con Robert Cecil, Vicepresidente de la Escuela de Estudios Europeos de la Universidad de Reading, por esta referencia. La herejía del "Libre Espíritu" en el cristianismo es quizás un buen ejemplo de la aplicación de algunas ideas e incluso prácticas Súficas sin la disciplina necesaria.

14

AUNQUE INDUDABLEMENTE ESTAS correspondencias son importantes para propósitos históricos – y existen muchas de ellas – hay un nivel más profundo de definición, el lingüístico, donde el análisis de conceptos aporta no solo un atisbo del sentimiento musulmán por el islam y por la entrega, sino también la posibilidad de que el cristiano contemporáneo comprenda lo que ello significa para el musulmán para que pueda compararlo con sus propias concepciones.

Es, por supuesto, ampliamente conocido que el nombre de la religión de los musulmanes es islam, o al-islam, donde "al" es el artículo definido en árabe. islam significa literalmente "someterse, rendirse, entregarse" a la voluntad de Dios. "Musulmán" significa alguien que está así entregado. Esta etimología es importante porque no es solo un nombre, es un significado. Si les preguntas a varios árabes, "¿Eres musulmán?", a menudo responderá: "Si Dios quiere", que en el habla coloquial es más o menos equivalente a "eso espero". Su actitud es que la sumisión a la voluntad de Dios es una cuestión de esfuerzo constante. Ahora, también debemos recordar que existe un grupo completo de palabras derivadas de la raíz SLM – el concepto árabe de "entrega" – las cuales en su gran mayoría están inherentemente vinculadas entre sí, y por ende con el islam. Al observar estas palabras, obtenemos una idea de la forma en que el islam ha sido comprendido por las personas entre las cuales apareció en su lengua sagrada, el árabe.

La entrega, entonces, es el "islam". Asociada a esto está la palabra Salama(t), que significa "seguridad", "protección". Este hecho está inextricablemente ligado a la relación directa entre la sumisión a Dios y la "seguridad", es decir la salvación. Y Salama significa "integridad, sensatez, impecabilidad", y también ser completado, puesto a salvo, mediante la sumisión. "El cielo" está representado por el término "Dar as-Salam", la Morada de Paz, seguridad para el hombre. El decirle "Salaam" a una persona es desearle paz y plenitud. *Salim*, habiendo sido completado o puesto a salvo, es otra palabra de esta raíz y como todas las demás es también una parte integral del vocabulario y del lenguaje cotidiano del árabe.*

Ahora que el islam es considerado como un medio y un método para llegar a la paz, y que

* Cfr. discusión sobre estos temas en el libro *Lights of Asia*, Sirdar Ikbal Ali Shah, Londres (Arthur Barker), edición 1934, págs. 6 y ss.

el cielo no está en duda ni en la exégesis ni en la aparición de la palabra *Sullam* – también de la misma raíz – que representa un instrumento o un medio y que incluye cosas como una escalera o escalerilla, y una herramienta. Finalmente, aunque esto de ninguna manera agote nuestro vocabulario de términos asociados, está Istilaam – que significa recibir – y musaalim, alguien que es pacífico, indulgente, clemente.

Es imposible exagerar la importancia de esta constelación de términos y significados: para el árabeparlante constituyen un recordatorio constante de los diversos aspectos de la religión y sus significados, y una ocasión permanente para confirmar estos conceptos sin tener que depender únicamente de la interpretación de ideólogos posteriores.

Incluso los teóricos musulmanes han dicho que "islam es una palabra que denota sumisión a la voluntad de Dios; por lo tanto no es un sustantivo como el nombre de una cosa, sino una concepción que también es el nombre de una cosa."

Es por esta razón que en el pasaje del capítulo 2, versículo 136 del Corán que cité anteriormente, la secuencia termina con las palabras que pueden traducirse como "y estamos resignados ante Dios" o "somos musulmanes". El islam, como es bien sabido, habla de los verdaderos líderes religiosos que antes de la época del profeta Muhammad estaban sometidos a la voluntad de Dios, como "musulmanes". Esto no solo figura en el Corán; a menudo he escuchado decir a mis correligionarios afganos: *"Chi khub adam ast en Nasrani - musulmán ast."* Esto significa: "Qué buen hombre es este cristiano... es un musulmán." Aunque estas palabras están en persa y no en árabe, el sentido se conserva absolutamente una vez que ha sido transferido con éxito a una lengua aria desde una semítica; ambos idiomas tienen poquísimas similitudes.

El Corán no se puede traducir por esta misma razón: una parte del significado será traducido al otro idioma, pero a menos que dicha lengua tenga (y esto parece muy improbable) una constelación de conceptos que coincida exactamente con los del árabe, el patrón inherente de conceptos será inevitablemente perturbado. Recuerdo a mi propio padre usando esta misma ilustración, empleando el ejemplo de la raíz SLM y sus asociaciones, para explicarme esto cuando acababa de celebrar mi octavo cumpleaños en junio de 1932. Él estaba verificando los pasajes de la versión del Corán de Muhammad Ali, y me informó por qué en ese momento estaba llamando a su selección *"del* Corán".*

---

*   Sirdar Ikbal Ali Shah, *Extracts from the Koran*, Londres (Blackie), 1933.

15

LA AFINIDAD DE místicos cristianos y musulmanes, basando sus vidas y prácticas en la concepción de la entrega a Dios, ha despertado el interés de un gran número de pensadores.

Ya he brindado una conferencia sobre este tema en la Universidad de Sussex*, y publicado algunas de las referencias de las autoridades occidentales que tratan esta cuestión**. La influencia de los místicos islámicos – determinante según algunos – en la literatura, la terminología y las prácticas de figuras tan significativas como el Beato Ramón Llull, Roger Bacon, Dante, San Juan de La Cruz, Santa Teresa de Ávila, Duns Escoto y muchos otros, es una cuestión que está bien documentada gracias a profundas investigaciones de larga data sobre este tema. Prácticamente todo este trabajo ha sido realizado por eruditos cristianos: literatos, historiadores de la religión,

---

*   Monografía con referencias, reimpresa como la introducción a mi *El camino del Sufi*, Londres (ISF Publishing) 2018.
** *Los Sufis*, ISF Publishing, Londres, 2018.

medievalistas y orientalistas*. También he citado
a especialistas occidentales que han observado
incluso la eliminación definitiva de funciones: el
santo musulmán Haji Bektash se identificó con
el Caralampio** de los griegos, y se descubrió
que el hermano latino Anselmo de Turmeda fue
el mismo individuo que el místico Sufí Abdulla
et-Tarjuman***.

---

*   Idries Shah: *Los Sufís* (capítulo V).
**   Birge, Dr J.K., *The Bektashi Order of Dervishes*, Londres
     (Luzac) 1937, pág. 39, N. 3.
*** *Ibíd.*, xviii.

16

EL DIFUNTO ABAD de Downside, autor de *Western Mysticism**, que es considerado como una especie de clásico, afirma claramente que "colocándome definitivamente en el punto de vista de la teología católica", Dios puede dar revelaciones particulares y dones místicos a los místicos musulmanes. Él define lo que se necesita, desde el punto de vista cristiano, para posibilitar que tales eventos ocurran:

"Solo el movimiento esclarecedor, totalmente interior, que debe poner su mente en perfecta consonancia con la verdad sobrenatural revelada: la 'gracia de la fe', que Dios no se la niega a ninguna mente sincera que se proponga la fe como objetivo."

En la siguiente cita resuena el espíritu de un pasaje del Corán sobre la devoción, que se refiere a la adoración como algo que de alguna manera se convierte en una "textura" de las acciones y los pensamientos del hombre:

---

* Butler, Dom Cuthbert, *Western Mysticism*, Londres (Grey Arrow), 1960, pág. 287.

En los lugares de adoración que Dios
permitió que fuesen erigidos para que
su nombre fuese allí recordado, así los
hombres lo alaban por la mañana y
por la tarde; hombres a los que ni la
mercadería ni el tráfico los distraen del
recuerdo de Dios y la realización de la
oración...*

¿Y hay una etapa, desde la perspectiva de los
cristianos, donde la comprensión de la entrega,
en espíritu y en lenguaje, puede llegar a suceder?
Ciertamente el padre Cyprian Rice, el autor
dominico, en un libro que tiene el Nihil Obstat
y el Imprimatur de las autoridades dominicas y
diocesanas en Roma,** espera tal comprensión:

"Más allá de las ideas preconcebidas o las
reservas que uno tenga", dice, "es difícil no
reconocer un parentesco entre el espíritu y el
vocabulario Sufi y aquellos de los santos y místicos
cristianos." Ciertamente no está buscando un
patrón derivado, con ideas islámicas tomadas del
cristianismo, como tantos otros estudiosos han
tratado de sostener. Hasta ahora no se ha aducido

---

*   Corán, 24: 36, 37.
**   Rice, Cyprian, OP, *The Persian Sufis*, Londres (Allen and
    Unwin) 1964.

evidencia de esta derivación, y de hecho el mismo Padre Rice dice: "Es difícil rastrear cualquier evidencia bíblica o literaria de la propagación de la Enseñanza Cristiana basándose en escritores místicos islámicos..."*

El hecho de que las experiencias de los monjes del desierto en el Medio Oriente todavía brinden un contexto poderoso para la reanudación de la comprensión basada en un espíritu devocional es demostrado en una monografía reciente** escrita por el eminente clérigo laico copto, el juez Hilmi Makram Ebeid. En sus "Posibilidades de la influencia moral oriental en la civilización moderna" nos recuerda la identidad original de los intereses de los musulmanes y los monjes cristianos de los desiertos egipcios que – según nos dice – en ocasiones llegaban a ser más de medio millón y de múltiples nacionalidades. Su tradición sigue viva: la comunidad cristiana de Egipto cuenta hoy en día con unos cuatro millones de miembros. El Dr. Ebeid, invocando los dilatados y poderosos vínculos entre los cristianos egipcios y sus compatriotas musulmanes, concluye con la afirmación general de que la revitalización de

---

* *Ibíd.* pág. 23.
** Monografía de investigación, 1972 (en: *Sufi Studies: East and West*, Nueva York (Dutton) 1973).

la vida espiritual en el mundo moderno acaso provenga de fuentes islámicas.

Como católico, el padre Rice se hace eco de este sentimiento mediante el cual anhela un futuro rol especial para la espiritualidad islámica, y dice: "para hacer posible una soldadura de pensamiento religioso entre Oriente y Occidente, una mezcla y entendimiento vital y ecuménico, lo que en última instancia demostrará ser, en el sentido más verdadero y para ambos lados, un retorno a los orígenes, a la unidad original." *

El fallecido profesor A. J. Arberry, de Cambridge – un hombre criado en un ambiente protestante devoto por padres que hicieron cristianos a sus hijos –, consagró la mayor parte de su vida laboral a la investigación de la literatura devocional islámica, más precisamente al misticismo Sufí. Sus sentimientos sobre el futuro de la cooperación entre Oriente y Occidente en el estudio y desarrollo de este tema se manifiestan claramente en este pasaje:

> El mirar hacia atrás en las páginas del pasado lejano está lejos de ser algo inútil. Seamos musulmanes o no, indudablemente todos somos hijos de Un

---

* Cyprian Rice, *ob. cit.*, pág. 10.

Padre; y por lo tanto no es ni impertinente ni irrelevante para el erudito cristiano tener como objetivo el redescubrir esas verdades vitales que hicieron que el movimiento Sufi fuera una influencia tan poderosa para el bien. Si él pudiese contar con la cooperación de sus colegas musulmanes en esta investigación – y hay sobradas señales de que podría –, juntos podrían desplegar una historia verdaderamente notable e inspiradora de gran empeño humano; acaso juntos tengan éxito en rastrear un patrón de pensamiento y comportamiento que satisfaga las necesidades de muchos que buscan el restablecimiento de los valores morales y espirituales en estos tiempos oscuros y amenazadores.

Al igual que el Dr. Ebeid, el Dr. Arberry no nos deja ninguna duda de que la herencia Sufi puede. en su opinión y en sus palabras, "cumplir con las necesidades del hombre moderno y futuro".*

Si se considera que algunas de estas aspiraciones fervientes y esperanzadas son excesivamente

---

* Arberry, A. J., *Sufism*, Londres (Allen & Unwin) 1963, págs. 134 y ss.

vehementes, solo puede decirse que las personas encontrarán en un tema lo que corresponde a su propio prejuicio, al menos inicialmente. Parece posible que, gracias a la amplia familiarización con variedades de experiencias religiosas y escritos cristianos y musulmanes, se pueda lograr un equilibrio de entendimiento. Hoy en día es penosamente cierto, como en cualquier otro momento del pasado, que los individuos y los grupitos, basando su visión en una experiencia limitada y acaso en prejuicios aun más marcados (aunque ocultos), presentan sus propias religiones – y las de otros – con cierta tendencia a distorsionarlas. Los efectos de esto deben atribuirse a la psicología: parte de ello acaso sea incluso una responsabilidad clínica.

Actualmente en Oriente y en Occidente hay tantas publicaciones y desinformación, que solo una lectura extensa permitirá al estudiante formarse una opinión útil. A menos que tengan esta base sólida, serán pocos los lectores occidentales que, al leer muchas de las obras contemporáneas sobre el islam y en particular acerca de cuestiones místicas, podrán percibir que muchos de los escritores – mientras se postran ante la objetividad – son de hecho ideólogos: persiguen vendettas o prejuicios personales, o tratan de crear un clima para la proyección definitiva de cierto punto de vista exclusivo; o lo que es peor – aunque afortunadamente más raro –, buscan prominencia personal… precisamente aquello acerca de lo cual advierte Ghazzali en su "Valle Abismal".

Varios propagandistas orientales, algunos de ellos ocupando puestos académicos de un tipo u otro, utilizan mucha tinta para atacar a los trabajadores occidentales. Ciertamente hay algunas razones para señalar el panorama desequilibrado, creado por el prejuicio personal de figuras como Nicholson*, cuya atracción por Rumi y el Sufismo ha suscitado varios tipos de oposición, creando una extraña dicotomía. Como digo, este desequilibrio se puede corregir sin ataques personales intensivos: mediante la familiaridad con todo el espectro de los

---

* Por ejemplo, su creencia de que los Sufis atacan al islam (*Selected Poems from The Divani Shamsi Tabriz*, edición de 1952 de Cambridge (University Press), pág. xxvi); que "no es sorprendente que los Sufis carezcan de la riqueza y variedad psicológica que se encuentra en el misticismo occidental": *The Idea of Personality in Sufism*, Lahore 1964 (reimpresión de la edición de Cambridge), pág. 101; que Hujwiri "no era ni un místico profundo ni un pensador preciso" (*The Kashf al-Mahjub*, Londres (Luzac) edición de 1959, pág. xvii). También afirma, violando todo pensamiento Sufi, que los Sufis alcanzaron "una religión más pura y una moralidad más elevada que la que el islam podía ofrecerles" (en *The Legacy of islam*, edición de 1968, pág. 238).

materiales. Nuevamente, aquello que las personas se complacen en llamar "misticismo" – siguiendo la moda actual – pero que en realidad puede ser explicado más fácilmente como fenómenos sociológicos, causan una situación confusa para muchos. Los de mentalidad ocultista y los menos informados tienden a leer o absorber selectivamente, y eligen pasajes agradables (para ellos) incluso de manera más selectiva. Son víctimas de dos cosas: (1) falta de una buena base de información; y (2) la confusión por parte de la literatura bien intencionada pero torpe.

En la segunda categoría suceden algunas situaciones bastante desopilantes. El entregarse a Dios debe significar una búsqueda de la verdad y la respectiva disminución del egoísmo. Algunos de los escritores y oradores actuales sobre este tema están tan visiblemente motivados por el egoísmo – y el proceso ha llegado tan lejos – que el discípulo de un hombre conocido como maestro espiritual una vez me gritó: "Mi maestro me ha dicho que no escuche a nadie; y cuando me dice que haga algo, ¡lo hago!" Cuando le expliqué que si no debía escuchar a nadie tampoco debería escuchar a su maestro, al principio se quedó muy sorprendido. Debido a que se había hablado tanto sobre el ocultismo y el Sufismo, dediqué mucho tiempo – en *Los Sufis* – a mostrar cómo las aspiraciones ocultistas, basadas en la avidez transitoria por el poder y el "conocimiento", eran indignas e ineficaces y que también, en muchos casos, surgían solamente de la aceptación acrítica de una tradición distorsionada; algo que resultó ser útil. Esto me ha permitido, durante casi diez años, disolver las aspiraciones de las personas que se acercaban al misticismo islámico como si fuera una especie de sistema mágico que les daría el poder de la iluminación sin entrenamiento ni disciplina. Ha sido responsable de hacer posible deshacerse de aquellas personas que de hecho son casos clínicos y fundamentalmente no son buscadores de la verdad. Pero tan pronto como uno logra establecer este principio, los nuevos reclutas – extraídos de entre los lectores de los ocultistas reales, incluidas las personas que piensan que tienen un prejuicio religioso y no investigarán ni describirán las distorsiones que están provocando y perpetuando inconscientemente (mientras se oponen abiertamente a ellas) – claman que se les enseñen secretos, blandiendo estos libros supuestamente "serios" con sus esperanzas encendidas.

Este carrusel ha alcanzado tales proporciones que tengo que lidiar con un promedio de 30 cartas por día, muchas de las cuales son de lectores de libros "serios" que no han tenido la oportunidad de aprender sobre la naturaleza trivial, incomprendida y vestigial de su metafísica.

Pero mientras estamos en este tema es necesario subrayar que este fenómeno no es nuevo. Hace aproximadamente mil años, Ali al-Hujwiri en su *Kashf al-Mahjub* (Revelación de lo velado), ahora reconocido como un clásico Sufi, enfatizó que había muchos meros imitadores y personas que practicaban lo que imaginaban que era un proceso extático sin un contexto adecuado.

Afortunadamente, mediante el proceso que hoy se conoce como "retroalimentación" – que mide y evalúa los resultados de lo que uno hace por las reacciones de las personas – es posible ver estos desarrollos en funcionamiento. Tanto los cristianos como los musulmanes que no hacen el esfuerzo suficiente para entregarse a Dios pueden ser fácilmente expuestos por lo que son, especialmente a la luz de la psicología moderna. Esto produce material de estudio instructivo con el que podemos demostrar estados superficiales y subjetivos a indagadores honestos; y hay indicios de que los iniciadores de semejantes actividades nimias pueden ser alcanzados por un método similar. Hay una mezcolanza de individuos orientales y occidentales que se especializan en hacer mucho ruido cuando tratan de captar la atención tanto de los cristianos como de los musulmanes por sus peculiares estilos de estudios místicos. Sus esfuerzos solo podrían tener éxito si ellos mismos lograsen limitar la atención de los estudiantes a sus propios escritos y actividades. Para el estudiante, cualquier grado razonable de familiarización con toda la gama de material disponible (en el caso de los Sufis, con los principales clásicos Sufis) que haya sido traducido mostrará de inmediato la estrechez y selectividad de sus pretensiones. Incluso las traducciones no confiables brindan el material suficiente para cumplir esta función.

El peligro aquí, por supuesto, es que el deseo humano común de buscar un "sistema" – un marco limitante a través del cual trabajar, una ideología que aparentemente responderá a todas las preguntas – acaso tiente a que numerosos individuos mucho más flexibles, perspicaces y útiles restrinjan sus perspectivas a una o varias de las formulaciones ofrecidas por estos presuntos expertos, cuya principal característica distintiva suele ser que al seleccionar un argumento sobre el misticismo automáticamente ignoran otro – igualmente válido o rotundo – que ha sido dicho, escrito o practicado por nuestros principales maestros.

Por lo tanto, el problema en la manifestación del entregarse a Dios como un camino a la salvación sigue siendo el que siempre ha sido: evitar la generalización total como también el estrechamiento completo de la doctrina. Esto no es fácil de aprender y de practicar, pero indudablemente diferencia a los grandes maestros de los aspirantes; a los que tienen una percepción interior de la verdad de aquellos que imaginan que la tienen porque resulta que se "especializan" en esto o aquello: es decir, quienes han adoptado una postura egoísta y buscan defenderla atacando a otras personas y difundiendo un relato parcial de información mística.

Por lo tanto, el conocimiento y la comprensión son prerrequisitos de vital importancia para la capacidad de entregarse. Una persona no se "entrega a Dios", en el sentido en que cristianos y musulmanes utilizan este término técnico, simplemente al convertirse en un "consumidor de ideas o emociones". Existe un grave peligro de que la presentación del concepto de "entrega" pueda tomar un aspecto excitante en el que todo lo que se estimula es la vanidad; donde, sobre todo, a algo que es un procedimiento muy definido se lo confunda con una especie de "llave dorada" fácil. La psicología moderna nos ha hecho el servicio de afirmar sin rodeos que debe haber una diferencia entre la modestia y el masoquismo. Y como ejemplo de cómo la falta de información – o ciertas insinuaciones – pueden suscitar expectativas acríticas e incluso absurdas, me gustaría ofrecerles una analogía a partir de una experiencia reciente.

Hace poco comencé una charla en Londres con estas palabras:

"Hay un país donde, desde hace siglos, a menudo la gente bebe a primera hora de la mañana una decocción de cierta hierba seca, que importan de tierras lejanas que además son poco conocidas para ellos. Muchos creen que no podrían con sus vidas a menos que consumieran regularmente esta panacea. Han iniciado guerras por ella, y en tiempos de lucha armada han realizado complicadísimos y peligrosos esfuerzos para asegurar su suministro continuo..."

En este punto, alguien se levantó y dijo:

"¿Cuál es este lugar, cuál es la hierba? ¿Podemos obtener un poco? ¿Nos sería útil? ¿Podemos visitar el país donde se la consume?"

Hubo un susurro de aprobación por parte de la audiencia: esto era lo que estaba en la mente de muchos – si no todos – de ellos. Noté que más de dos tercios parecían estar sentados en el borde de sus asientos.

Bueno, como dije en ese momento, sí, podemos obtener la hierba y es útil para nosotros, ya estamos en dicho país y la planta se llama "té".

En aquel entonces, en el Reino Unido, esta sustancia "desconocida", el té, estaba siendo importada a una tasa de 500 millones de libras por año. Durante dicho período, cada hombre, mujer y niño en aquellas islas (y entre mi público) ya estaba consumiendo la decocción de tres kilos de la hierba...

Uno podría decir que tal experimento, que yo y otros hemos realizado muchas veces, produce una reacción como esta cuando se lo lleva a cabo entre personas ingenuas, codiciosas y crédulas. Estoy totalmente de acuerdo y es algo que me lleva al punto real de la historia. Todavía no les he dicho quiénes eran mis oyentes. Los asistentes a esa conferencia, que sumaban más de doscientos, eran todas – presumiblemente – personas que habían venido a escuchar una charla sobre la relación del hombre con Dios, la posibilidad de superación personal a través de la fe y las formas básicas de abordar la verdadera humildad. Habían sido seleccionados de entre grupos de personas que, durante muchos años, se habían convencido a sí mismos de que eran buscadores de la verdad y ciertamente no habían participado en la modelación del trasfondo de su pensamiento. Era una audiencia que creía estar siguiendo las enseñanzas, los escritos y las tradiciones del misticismo cristiano. En ausencia de algún tipo de "retroalimentación", aparentemente no habían alcanzado – de una manera notable – el punto en el que deberían haber superado o atenuado literalmente su avidez superficial por algún tipo de panacea. Si las personas que no simpatizan con la perspectiva religiosa fueran a replicar semejante experimento, no lo usarían como nosotros a manera de advertencia; lo utilizarían – y muchos lo han hecho – como una "prueba" de que la espiritualidad es una forma de codicia. A lo largo de los siglos, la enseñanza impartida tanto por cristianos como por musulmanes de que no es suficiente buscar a Dios sino que se lo debe buscar de cierta manera, y que incluso podría decirse que si esto no se comprende es peor que el no buscarlo en absoluto ya que la "búsqueda" solo puede alimentar la codicia... con respecto a dichas personas, estas enseñanzas han sido tiradas por la borda.

Algunos místicos Sufis en el islam han sido ferozmente criticados por presuntamente prohibirles a sus discípulos que realizaran peregrinaciones u otras actividades sagradas hasta que se encontrasen en un estado en el que no solo se beneficiarían, sino que no sufrirían al alimentar la parte errónea de ellos mismos con una experiencia espuria. Sin embargo, si verifican este tipo de experimento por ustedes mismos – y no hay necesidad de confiar en mis afirmaciones ya que su material experimental está en todas partes – llegarán a comprender el pensamiento detrás de tales restricciones. Ni el maestro religioso ni el potencial practicante se atreverían, si estuviesen en su sano juicio, a fomentar la hipocresía o alentar su desarrollo mediante el incumplimiento de las necesidades primarias – los prerrequisitos – para intentar entregarse a Dios.

Bibliografía

Ali, Syed Ameer, *A Short History of the Saracens*, Londres 1949.

Ali, Syed Nawab, *Some Moral and Religious Teachings of Al-Ghazzali*, Lahore 1960.

Arberry, Professor A. J., *Sufism*, Londres 1963.

Azzam Pasha, Abd al-Rahman, *The Eternal Message of Muhammad*, Nueva York, 1965.

Birge, Dr J. K., *The Bektashi Order of Dervishes*, Londres 1937.

Butler, G. C., *Kings and Camels*, Nueva York 1960.

Butler, Dom Cuthbert, *Western Mysticism*, Londres 1960.

Denti Di Pirajno, Alberto, *A Cure for Serpents*, Londres 1965.

Guillaume, Profesor A., *The Life of Muhammad*, Londres 1955.

— (coeditor), *Legacy of Islam*, Oxford 1968.

Hitti, Professor Philip K., *History of the Arabs*, Nueva York 1951.

International Year Book and Statesmen's Who's Who, Londres 1971.

Kritzeck, Profesor James, *Anthology of Islamic Literature*, Londres 1964.

Middle East and North Africa, The (Europa), Londres 1969.

Nasr, Seyyid Hossein, *Ideals and Realities of Islam*, Londres 1971.

— *Sufi Essays*, Londres 1972.

Nicholson, Profesor R. A., (translator) *The Kashf al-Mahjub*, Londres 1959.

— *The Idea of Personality in Sufism*, Lahore 1964.

— *Selected Poems from the Divani Shamsi Tabriz*, Cambridge 1952.

Parrinder, Dr G., *Jesus in the Qur'an*, Londres 1965.

Redhouse, James W., *Legends of the Sufis*, Kingston 1965.

Rice, C., *The Persian Sufis*, Londres 1964.

Saunders, John L., *The Muslim World on the Eve of Europe's Expansion*, Nueva Jersey 1966.

Shah, Sirdar Ikbal Ali, *Coronation Book of Oriental Literature, The* (Preface by the Aga Khan), Londres 1937.

— *Extracts from the Koran*, Londres 1933.

— *Lights of Asia*, Londres 1934.

— *Mohammed: The Prophet*, Londres 1932.

Sherwani, Haroon Khan, *Muslim Colonies in France, Northern Italy and Switzerland*, Lahore 1964.

Underhill, Evelyn, *The Mystic Way*, Londres 1913.

Watt, W. M., *The Faith and Practice of Al-Ghazzali*, Londres 1963.

World Muslim Gazetteer, Karachi 1964 (World Muslim Congress: *Motamar Al-Alam Al-Islami*).

Un pedido

Si disfrutaste este libro, por favor deja una reseña en Goodreads y Amazon (o donde quiera que hayas comprado el libro).

Las reseñas son el mejor amigo de un escritor.

Para estar al tanto de las novedades acerca de nuestros próximos lanzamientos o noticias de la Idries Shah Foundation, apúntate a nuestra lista de correo:

http://bit.ly/ISFlist

Y para seguirnos en las redes sociales, usa cualquiera de los siguientes enlaces:

https://twitter.com/IdriesShahES

https://www.facebook.com/IdriesShah

http://www.youtube.com/idriesshah999

http://www.pinterest.com/idriesshah/

http://bit.ly/ISgoodreads

http://fundacionidriesshah.tumblr.com

https://www.instagram.com/idriesshah/

http://idriesshahfoundation.org/es

www.ingramcontent.com/pod-product-compliance
Lightning Source LLC
Chambersburg PA
CBHW020551030426
42337CB00013B/1040

* 9 7 8 1 7 8 4 7 9 9 3 2 8 *